石河子大学经管学术文库

➤ 石河子大学哲学社会科学优秀学术著作出版基金资助
➤ 新时代党的治疆方略理论与实践研究项目资助
➤ 新时代党的治疆方略理论与实践研究项目名称：新疆交通旅游融合发展
  现状及对策研究（项目编号：2022ZJFLY27）

新疆交旅产业融合发展研究

陈法杰　刘晓芬　王东红　谭　城◎著

RESEARCH ON THE INTEGRATED
DEVELOPMENT OF TRANSPORTATION AND
TOURISM INDUSTRY IN XINJIANG

经济管理出版社
ECONOMY & MANAGEMENT PUBLISHING HOUSE

图书在版编目（CIP）数据

新疆交旅产业融合发展研究 ／ 陈法杰等著． -- 北京 ：
经济管理出版社，2024． -- ISBN 978-7-5096-9841-9

Ⅰ．F592.745

中国国家版本馆 CIP 数据核字第 2024Q54P13 号

组稿编辑：曹　靖
责任编辑：郭　飞
责任印制：张莉琼
责任校对：蔡晓臻

出版发行：经济管理出版社
　　　　　（北京市海淀区北蜂窝 8 号中雅大厦 A 座 11 层　100038）
网　　址：www.E-mp.com.cn
电　　话：(010) 51915602
印　　刷：唐山玺诚印务有限公司
经　　销：新华书店
开　　本：720mm×1000mm/16
印　　张：11.5
字　　数：177 千字
版　　次：2024 年 10 月第 1 版　　2024 年 10 月第 1 次印刷
书　　号：ISBN 978-7-5096-9841-9
定　　价：88.00 元

前　言

2017 年，交通运输部、国家旅游局、国家铁路局、中国民用航空局、中国铁路总公司、国家开发银行出台《关于促进交通运输与旅游融合发展的若干意见》，旨在进一步扩大交通运输有效供给，优化旅游业发展的基础条件，加快形成交旅产业融合发展的新格局。党的二十大报告提出"加快建设交通强国"，推动交通发展由追求速度规模向更加注重质量效益转变，构建安全、便捷、高效、绿色、经济的现代化综合交通体系，旨在通过交通强国战略服务保障中国式现代化建设，这为交旅产业的融合发展提供了新方向、新思路。为加快交通运输与旅游产业（以下简称交旅产业）的融合进程，国家又先后出台了《交通强国建设纲要》《国家综合立体交通网规划纲要》《加快建设交通强国五年行动计划（2023—2027年）》《国务院办公厅关于促进全域旅游发展的指导意见》等重要文件，从国家战略层面为交旅产业融合发展提供了制度保障。西部地区经济发展一直是国家关注的重点，推动交旅产业的融合发展，是西部地区培育新增长点、形成新动能的关键举措，也是促进其经济实现高质量发展的必由之路。新疆是我国陆地面积最大的省份和交通强国交旅产业融合发展试点省份，深入剖析新疆交旅产业融合发展中存在的主要问题与制约因素，并提出促进新疆交旅产业融合发展的对策建议，对两大产业的转型升级、提质增效以及"旅游兴疆"战略的高效贯彻具有深远的影响。

本书以新疆为研究对象，以交旅产业融合发展为核心研究问题，旨在为推进新疆交旅产业融合发展与促进交旅产业高质量发展探究重要的突破口与着力点。首先，本书梳理了交通运输产业、旅游产业、交旅产业融合的内涵，阐述了产业融合理论、耦合系统理论、产业关联理论、旅游系统理论、产业价值链理论和交通经济带理论的核心内容，为新疆交旅产业融合发展提供了理论框架，并系统分析了新疆交旅产业融合的发展状况。其次，本书构建了新疆交旅产业融合发展评价指标体系，并采用熵值法与耦合测度模型对新疆 2011~2020 年的交旅产业融合发展水平进行测度，通过综合评价和对比分析，反映新疆交旅产业融合发展的具体成效，并通过问卷调查、文本资料分析、实地调研等方法深刻剖析了新疆交旅产业融合发展存在的问题与制约因素。再次，通过 SWOT 分析方法，对新疆交旅产业融合发展的外部环境与内部资源条件进行了系统分析，得出了新疆交旅产业融合发展的机会、威胁、优势与劣势。又次，本书在借鉴国内外交旅产业融合发展先进经验的基础上，确定了高质量发展背景下新疆交旅产业融合发展的目标，并设计了四条主要路径：路径一：合理配置资源要素，构筑交旅产业融合支撑体系；路径二：强化市场主体地位，推进交旅产品提质增效；路径三：加快产业结构调整，创新交旅产业融合发展模式；路径四：完善产业政策体系，健全融合发展体制机制；这为高质量发展背景下的新疆交旅产业融合发展提供了明确的方向和有力的指引。最后，本书从要素升级与融合发展支撑、市场主体培育与供给质量提升、产业结构调整与融合模式创新、体制机制改革与政策制度完善等层面，提出了促进新疆交旅产业融合发展路径实施的对策建议与保障措施，这对提升新疆旅游产业竞争力、重塑新疆经济发展动力与推动新疆交旅产业高质量发展具有重大的理论和实践价值。

目　录

第 1 章　绪 论

1.1　研究背景

2017 年，交通运输部、国家旅游局、国家铁路局、中国民用航空局、中国铁路总公司、国家开发银行出台《关于促进交通运输与旅游融合发展的若干意见》，旨在进一步扩大交通运输有效供给，优化旅游业发展的基础条件，加快形成交旅产业融合发展的新格局。为加快交通运输与旅游产业（以下简称交旅产业）的融合进程，国家又先后出台《交通强国建设纲要》《国务院办公厅关于促进全域旅游发展的指导意见》等重要文件，从国家战略层面为交旅产业融合发展提供了制度保障。西部地区经济发展一直是国家关注的重点，推动交旅产业的融合发展，是西部地区培育新增长点、形成新动能的关键举措，也是促进其经济实现高质量发展的必由之路。作为我国陆地面积最大的省份和交通强国交旅产业融合发展试点省份，新疆如何推动交旅产业融合发展，进而实现两大产业转型升级提质增效，是当下新疆社会经济发展面临的重要课题，对"旅游兴疆"战略的高效贯彻实施具有深远的影响。

1.2 研究意义

1.2.1 理论意义

本书有助于丰富和完善交旅产业融合发展研究的理论体系。新疆交旅产业融合发展与国内外交旅产业融合发展相比具有明显的特殊性：一是新疆推进交旅产业融合发展的首要功能是维护社会稳定和长治久安，其次才是推动经济发展；二是新疆是向西开放的桥头堡，也是"丝绸之路经济带"建设核心区，更是交通强国交旅产业融合试点省份，地缘区位促使新疆在交旅产业融合方面具有较大的特殊性；三是新疆辽阔的国土面积和丰富的旅游资源使新疆交旅产业融合发展的方向和侧重点具有特殊性。本书在交旅产业融合发展一般理论的基础上，结合新疆交旅产业融合发展在功能、地缘区位和资源禀赋的特殊性，构建新疆交旅产业融合发展的理论框架，丰富和完善了交旅产业融合发展研究的理论体系，也为其他地区交旅产业融合发展提供了研究参考。

1.2.2 实践意义

第一，为新疆交旅产业融合发展水平测度提供科学的测评体系。

本书对新疆交旅产业融合发展状况进行深入调查，构建新疆交旅产业融合发展评价指标体系及综合评价模型，对新疆交旅产业融合发展的水平程度与时空差异进行科学测评，为新疆交旅产业融合发展水平评估提供了科学测评体系，以方便找出新疆交旅产业融合发展存在的问题与制约因素。

第二，为新疆交旅产业融合发展的规划与实施提供重要的决策参考。

本书针对"问题与制约因素"，探寻高质量发展背景下新疆交旅产业融合发展的路径与对策，有助于科学定位新疆交旅产业融合发展的实施方向，有助于推进新疆交旅产业深度融合、转型升级和高质量发展，本书必将为国家、新疆维吾尔自治区和新疆生产建设兵团（以下简称兵团）制定相关政策提供重要依据，也能够为新疆交旅产业高质量融合发展与长远的科学规划提供相应的决策参考。

第三，为其他民族地区交旅产业融合发展提供新的路径借鉴。

本书以新疆为研究对象，重点探讨交旅产业融合发展问题，系统设计促进新疆交旅产业融合发展的路径，并提出促进路径实施的对策建议，能为我国其他地区交旅产业融合发展提供一定的路径借鉴与模式参考。

1.3　国内外研究综述

1.3.1　国外关于交旅产业融合发展的研究

通过查阅国外"交旅产业融合发展"的相关文献可以看出，国外学者对交旅产业的融合发展关注和研究较早，早于国内学者的研究。通过对相关文献的归纳与整理，发现国外相关的研究主要集中在旅游交通体系的构成要素、交旅目的地相互关系、交通对旅游的影响、城市交通以及旅游发展、旅游交通的可持续发展问题等方面，具体的相关研究如下所述：

1.3.1.1　关于旅游交通体系的相关研究

Benson 和 Whitehead（1985）首次从系统的角度研究旅游交通，并指出旅游交通体系主要由方式、中转地、道路和技术等构成。Derek（1999）认为旅游交通体系核心是目的地主客间的互动，以及交通、旅游间的相互联系。Bruce Prideaux（2000）提出要从系统的角度理解旅游交通，不能仅仅将交通当作旅游业服务中独立的个体元素，其认为制定旅游交通规划时应该将成本与旅游距离、成本与交通方式间的平衡纳入考虑范围，以加强游客与交通枢纽的联系。Moscardo（2011）探究旅游者体验、旅游交通、旅游动机之间的相互联系，并构建了一个概念体系，提出旅游者的交通方式选择会受很多因素的影响，同时会影响游客的旅游体验感和满足感。

1.3.1.2 关于交旅目的地相互关系的研究

Bruce Prideaux（2000）把旅游交通运输作为一个关键因素，构建了一个合理的运输成本模型，探究了旅游交通运输对旅游目的地发展和吸引力的影响。Herundez Luis（2004）通过实证分析，得出结论：影响旅游目的地吸引力和旅游者决策的关键因素是交通方式与旅游距离。Werner Gronau（2007）对旅游目的地产业发展与公共交通进行了探究，指出公共交通的发展水平会显著影响旅游目的地的产业发展。Moscardo（2011）在探究分析游客选择度假旅游目的地的动机时，指出交通运输的通达度是游客选择旅游目的地的重要影响因素。

1.3.1.3 关于交通运输对旅游产业的影响研究

Crouch 和 Geoffrey（1994）对旅游交通费用与其需求弹性间的作用关系进行了系统分析，指出短途和长途的旅游者对交通费用具有不同的认识，对费用的敏感程度呈现显著性的差异。Raguraman（1998）探讨了印度交旅产业发展间的关系，得出可进入性的差异是印度旅游产业发展缓慢的主要原因之一。Francesca（2015）探究了高速铁路对旅游目的地西班牙首都马德里城市旅游产业的显著促进作用。Fageda 等（2016）提出因受特性限制，旅游收入会因高铁产生负面影响，从而影响其旅游产业的发展。

1.3.1.4 旅游交通的可持续发展问题研究

Susanne Becken（2002）通过对出游决策形成的能源消耗规律进行系统分析，发现在众多的部门中，交通能源消耗最为严重，因此可以把交通部门作为切入点，以达到节省能源消耗的目的。Wei（2016）发现与旅游目的地发展不相匹配的交通设施会制约旅游目的地的可持续发展。

总体来看，国外学者的相关研究以探究旅游交通体系、交旅目的地相互关系、交通运输对旅游产业的影响、交旅产业的可持续发展问题为主，而对交旅产业融合发展的机制、路径、政策制定等实践应用与策略性建议的研究较少。

1.3.2 国内关于交旅产业融合发展的研究

通过查阅国内"交旅产业融合发展"的相关文献可以看出,国内学者对交旅产业融合发展的研究起步较晚,归纳起来,相关成果主要集中在交旅产业交互关系、交通运输对旅游产业的影响、交旅产业的耦合协调机理、耦合协调度测评、融合发展政策或策略等几个方面。

1.3.2.1 关于交旅产业交互关系的研究

张建春和陆林(2002)探究了修建长江大桥对安徽旅游交通条件改善做出的巨大贡献。卞显红(2003)分析了在旅游目的地的发展中,旅游交通系统具有的重要作用及对旅游者出行方式及旅游目的地选择的影响。杨瑞霞(2005)提出旅游产业的发展离不开交通运输产业的进步。朱竑等(2005)认为青藏铁路的建成对旅游产业起到了巨大作用,且青藏铁路在完善西部地区交通结构、打通与内地密切联系等方面意义重大。王兆峰(2008)指出交通运输产业发展是旅游产业必不可少的先决条件。王恒和李悦铮(2009)认为交旅产业之间互相拉动和制约效应呈现并存的状况。王永明和马耀峰(2011)分析得出西安市旅游经济系统与交通系统间存在耦合互动发展的关系。苏建军等(2012)探究了交通运输巨变对旅游产业发展产生的影响并对地域的差异进行了相应划分。阚如良等(2013)论证交通运输产业与旅游产业之间的相互作用及影响,认为两者具有辩证统一关系。王洁和刘亚萍(2011)通过研究发现,高铁建设与武汉市旅游产业发展存在双向促进关系。来逢波等(2020)指出交通运输服务与旅游产业均为第三产业的重要组成部分,两者构成了共融共生关系,具备融合发展的必要性条件。周慧玲和蒋亚军(2021)通过引入空间权重矩阵,构建空间联立方程模型,对旅游的吸引力与交通可达性之间的内生双向影响以及空间的溢出效应进行了系统分析,揭示了交旅产业的互动发展关系。

1.3.2.2　关于交旅产业耦合协调测度研究

吴刚等（2003）以旅游交通的根本体系为切入点，论述了旅游交通发展的阶段目标和保障措施。杨仲元等（2016）探讨了皖南旅游区域空间演化的过程，认为优化交通运输指标是提升旅游目的地发展水平的重要手段。尹璐（2017）研究成渝高铁对沿线旅游目的地空间结构造成的影响，揭示了成渝高铁的重要影响。杨利元等（2018）对云南省的旅游产业与交通运输进行了耦合分析，提出应打造旅游交通融合发展水平，充分发挥旅游资源效应。王超（2020）分析了交通运输产业与旅游产业间耦合协调发展的动力机制。李凌雁和翁钢民（2020）运用耦合协调度的模型及探索性空间数据分析法，探究了两者协调发展的程度及时空格局演变的趋势，为旅游产业和交通运输产业的共同促进、区域间协调发展提供了理论参考。黄睿等（2021）以交旅交互发展内涵为基础，选取问卷调查的方式，通过建立结构方程模型，剖析了影响交旅产业融合发展的因素，探讨交旅发展的动力。郭向阳等（2021）构建了关于高速交旅效率的评价指标体系，并建立线性拟合回归方程来探究高速交通方式对旅游效率影响的边际效应。

1.3.2.3　交旅产业融合发展的政策与机制研究

叶茂等（2020）对湘西地区区域交旅产业进行了耦合分析，提出进行旅游交通规划时，应重视政策规划与融合环境塑造。高嘉蔚等（2019）提出交旅产业融合发展既符合国家政策的导向，也可以作为地方旅游与经济发展的重要支撑，从而实现"以交带旅，以旅促交"，促进经济、环境、社会三者的持续稳定健康发展；其提出应完善交旅产业融合发展的政策管理体系；健全重要部门工作管理机制与协调机制；建议完善战略、规范，推进重点工程地实施，探索建立的标准以及技术指南，研究发展评估的指标和建立管理的相关办法。黄睿等（2021）指出交通设施、旅游发展、市场需求、经济基础、生态环境、社会文化以及政策规划等是促进交旅产业融合发展的主要影响因素，应建立健全科学的多元驱动机制，贯彻落实统筹发展的理念，优化融合发展的环境，提高内在动力，最终推动交旅产业在多方面的融合有序发展。

1.3.2.4 交旅产业融合发展的趋势与策略研究

马靖莲（2009）分析了国内外的旅游交通规划，并结合中国交通发展特点，提出旅游交通规划的目标以及构建完善的旅游交通规划体系。赵现红等（2007）探究了河南省旅游交通的运输水平，并提出了今后旅游交通的发展策略。陈毕新等（2007）提出了"旅游的概念规划、详细规划以及特色规划"在旅游交通的出行特性的基础之上。朱丽等（2007）认为，应完善旅游交通建设，充分有效地发挥旅游资源的整体效应。何吉成等（2011）针对轨道交通开设旅游专线提出规划设计。陈方等（2016）提出旅游交通的可达性分析能够为区域旅游交通规划提供一些理论依据，而高速铁路的开通将直接改变区域旅游交通的可达性格局。张旭等（2017）研究了交旅产业两者融合发展的过程，提出须高度重视游客出行链的一系列工作，建立科学合理的"两网两体系"旅游交通研究框架，分别从多个层面，针对现今旅游交通规划存在的问题展开了系统性的分析。李强（2019）将长治东站作为一个集散点，提出了太行山大峡谷旅游轨道交通规划的方案。代娟（2019）指出旅游产业现已经进入到一个全方位发展阶段，交通是助推旅游产业繁荣发展的核心动力之一，两者融合发展是必然的，更是现代旅游业发展的主流趋势之一；助推两者融合繁荣发展，优化顶层设计，运用科学合理的市场化办法，培育更多的新兴业态，全面推进供给侧改革与深化。刘宏芳等（2019）指出云南旅游产业与交通运输两者呈现相辅相成、融合发展的作用关系，旅游产业发展有助于完善交通运输设施，有利于提高旅游目的地经济发展水平，从而实现旅游目的地的快速繁荣发展，并提出了云南旅游交通的相关问题及对策建议。王兰和刘杰（2021）提出交旅产业融合产业现如今尚处在导入期，交旅产业融合发展的顶层研究还不够深入，指出应结合实际去分析交旅产业融合发展及规划之间存在的问题，确定规划目标，选取应该遵循的相关原则，从而依托市场资源配置，围绕规划的目标，设置相关指标，细化各指标的内涵及具体测算方法，最后形成契合区域与需求的交旅产业融合发展规划体系。陈佳（2021）结合成都市信息化出行大背景，以成都市武侯祠景区为例对构建"公共交通+旅游"一体化系统提出了相关建议。罗海发（2022）通过构建景区内景点交通可达性测量模型，并实证检验景区内交通可达性现状，揭示景区空间结构特征，为景区未来进一步优化资源配置和科学规划、开发提供参考依据。王慧勇（2022）针对旅游景区客流量淡季和旺季的波动较大，难以指导景区轨道交通的规划与建设这一问题，从景区旅游轨道交通客流的特点出发，采用了改进后的四阶段法对景区轨道交通客流量进行预测。戚晓峰等（2024）提出清楚明晰的中国交旅产业融合研究的发展脉络及趋势，革新理论与方法，进而推动在交通强国的背景下实现交旅产业融合高质量发展。

总体来看，国内现有研究成果比较全面，交旅产业融合研究文献数量日益增多，呈现多学科深入交叉特征，但研究内容还不够深入，与各地实际联系不够紧密，整体性和系统性有待提升。

1.3.3 关于新疆交旅产业融合发展的研究

学者们对新疆交旅产业融合发展的研究相对较少，主要集中在交通运输发展问题及对策建议、交旅产业融合发展策略、交通运输耦合协调测度等方面。在交通运输发展问题及对策建议方面，高志刚等（2021）以"双循环"新发展格局为背景，提出新疆应持完善交通网络化建设、推动陆港枢纽辐射能力、构建现代流通体系、推动"交通+"融合发展等。张敬凯等（2021）系统分析了"一带一路"背景下新疆交通运输可持续发展面临的困境与挑战，指出新疆应大力推进基础设施网络建设、加快实现"疆内环起来、进出疆快起来"发展目标。在交旅产业融合发展策略方面，黄琳等（2008）指出新疆交旅应创建立体旅游交通网络、提高服务质量、合理规划景区的道路等策略建议。杨典光（2021）通过对新疆公路交旅产业的发展基础以及其存在的问题进行了深刻分析，提出新疆交旅产业融合新的发展思路。李娜（2021）指出新疆日趋完善的城际列车网络是提升旅游经济发展的一个重要保障。冯璇（2023）以新疆 G217 巩乃斯至库车公路为例，提出应着眼于地域特色，进行公路交旅融合规划，为新疆高速公路"交通+旅游"模式奠定了基础。奚星昊（2021）以 S21 阿勒泰至乌鲁木齐高速公路项目为例，对新疆交旅产业融合发展实施思路及政策需求方向进行了系统研究。朱春生和员兰（2018）分析了新疆交旅产业融合发展存在的问题，并提出构建多层次新疆旅游公路网络、全面提升公路旅游服务设施水平等、加强标识标牌信息化建设等建议。在交通运输耦合协调测度方面，王晶英和田晓霞（2016）分析了 2004~2013 年新疆旅游交旅产业的相关性，结果表示新疆旅游业对高质量道路的依赖性更强，交通的便捷性对新疆旅游业的发展具有极大的正向影响。丁柯和葛炬（2021）通过 PSR 模型测算了新疆 2010~2019 年的新疆旅游发展与交通运输产业耦合协调度，指出两者耦合协调度相对较低，并且上升速度缓慢。

总体来看，现有研究集中在新疆交旅产业融合发展的资源禀赋与必要性方面，虽有一定的耦合程度测量研究，但更多是整体层面的测量，没有细化到地区层面，而在新疆交旅产业融合发展的具体路径和策略方面缺乏系统探讨。

1.3.4 简要述评

纵览国内外学者的研究成果，发现交旅产业融合发展的相关成果较丰富，为本书奠定了基础。但也存在局限：一是更多关注发达地区的交旅产业融合发展，对欠发达地区的研究相对匮乏；二是对西部地区交旅产业融合的研究较薄弱；三是对新疆交旅产业融合发展问题关注不够，缺乏系统性研究，这与新疆在全国的旅游地位不匹配。基于此，本书在已有研究的基础上，以高质量发展为背景，以新疆为研究对象，科学测度新疆交旅产业融合发展水平与时空差异，重点找出融合发展中存在的问题与制约因素，系统探讨促进新疆交旅产业融合发展的路径、策略建议，以促进新疆将旅游资源优势转变为旅游产业优势、市场竞争优势，推动新疆由旅游大省向旅游经济强省转变。这与国家层面的"交旅产业融合发展"重大议题以及新疆制定的"旅游兴疆战略"完全吻合，对提升新疆旅游产业竞争力、重塑新疆经济发展动力与推动新疆交旅产业高质量发展具有重大的理论和实践价值，是亟待解决的现实重大问题。

1.4 研究目标、研究内容与重难点

1.4.1 研究目标

第一，通过构建新疆交旅产业融合发展评价指标体系及综合评价模型，对新疆交旅产业融合发展的水平程度进行测评，确定新疆交旅产业融合发展的融合程度、融合类型与时序变化趋势。

第二，在系统分析新疆交旅产业融合发展现状的基础上，通过对新疆交旅产业融合发展的水平测度，探寻新疆交旅产业融合发展存在的问题与制约因素，找出本书研究的重要突破口。

第三，在前两个目标的基础上，根据新疆交旅产业融合发展的SWOT分析，结合国内外交旅产业融合发展的经验借鉴，设计新疆交旅产业融合发展的具体路径，并提出促进路径实施的对策建议及保障措施。

1.4.2 研究内容

本书研究内容如下：

第1章绪论。主要对本书的研究背景、研究意义、国内外研究现状、研究目标、研究内容、研究方法等进行系统阐述。

第2章基本概念界定和理论基础。主要对新疆交旅产业融合发展的相关概念进行界定，对新疆交旅产业融合发展的理论基础进行阐述，初步形成新疆交旅产业融合发展的理论框架。

第3章新疆交旅产业融合发展状况。通过收集统计年鉴、查阅权威新闻、实地调研等方式，系统分析新疆交通运输的发展现状与新疆旅游产业的发展现状，并进一步分析新疆交旅产业的融合发展现状。

第 4 章新疆交旅产业融合发展的水平测度。根据评价指标体系构建原则，构建新疆交旅产业融合发展评价指标体系和综合评价模型，进一步对收集的数据加以处理，并对相关模型进行测评分析，得出新疆交旅产业融合发展的水平测评结果和时序变化特征。

第 5 章新疆交旅产业融合发展的问题与制约因素。根据融合发展的水平测评结果，结合问卷调查与实地调研，采用定性与定量分析相结合的方式，从要素配置与支撑体系、市场主体与供给质量、产业结构与融合模式创新、体制机制与政策制度等层面梳理并归纳新疆交旅产业融合发展中存在的问题与制约因素。

第 6 章新疆交旅产业融合发展的 SWOT 分析。本书通过 SWOT 分析方法，对新疆交旅产业融合发展的外部环境与内部资源条件进行了系统分析，得出了新疆交旅产业融合发展的机会、威胁、优势与劣势，为新疆交旅产业融合发展的路径设计和对策建议提供了具体的方向与参考。

第 7 章国内外交旅产业融合发展路径及对新疆的借鉴。主要阐述国外（美国、日本、欧盟）交旅产业融合发展的先进经验和国内（河南、山西、四川）交旅产业融合发展的先进经验，从而为后续的新疆交旅产业融合发展路径设计和对策建议提供相应的参考借鉴与重要启示。

第 8 章新疆交旅产业融合发展的目标与路径设计。主要结合新疆交旅产业融合发展实际状况，以及新疆交旅产业融合发展存在的问题与制约因素，结合高质量发展的大背景，提出新疆交旅产业融合发展的目标，并围绕目标，进行相应的主要路径设计。

第 9 章促进新疆交旅产业融合发展路径实施的对策。根据已有研究成果，从要素升级与融合发展支撑、市场主体培育与供给质量提升、产业结构调整与融合模式创新、体制机制改革与政策制度完善四个层面，提出促进新疆交旅产业融合发展的对策建议。

第 10 章保障新疆交旅产业融合发展路径实施与对策执行的措施。本章在新疆交旅产业融合发展的路径设计与实施对策的基础上，提出完善交旅基础设施、塑造融合发展环境氛围，改善投融资条件、充实融合发展资金保障，优化人才引进和培养、构建多层次人才体系保障，改进组织实施机制、出台有效的激励措施保障，建立健全新疆旅游统计制度、健全旅游安全监管体系措施等，为切实高效促进新疆交旅产业融合发展提供必要的保障要素和制度安排。

第 11 章结论与展望。本章主要对本书前面的内容进行总结，并得出一些重要结论，作为本书的主要研究成果呈现；在此基础上，分析本书的不足之处，并提出未来的研究计划，以促进本书能够更系统地开展深层次系统研究，以促进该主题的研究更具有科学性、实操性与应用性。

1.4.3　研究的重难点和解决方案

研究的重难点 1：如何找出新疆交旅产业融合发展存在的问题与制约因素。

解决方案：根据国内外相关研究，通过收集二手数据，运用熵值法、耦合协调模型与同步性指数等实证分析方法，对新疆交旅产业融合发展程度进行水平测评与时序变化分析，进而得出新疆交旅产业融合发展中存在的问题与制约因素，有利于把握新疆交旅产业融合发展的痛点与重要切入点。

研究的重难点 2：如何推动新疆交旅产业融合发展高效有序运行。

解决方案：根据测评结果以及找出的问题与制约因素，以高质量发展为目标，提出促进新疆交旅产业融合发展的路径设计；整理并梳理国内外交旅产业融合发展的先进经验及做法，分析借鉴的可能性，尝试探讨进一步完善新疆交旅产业融合发展的对策与建议，以推动新疆交旅产业融合发展高效有序运行，也是本书需要解决的重点难点问题。

1.5　研究思路与研究方法

1.5.1　研究思路

梳理交旅产业融合发展的理论源流→提出新疆交旅产业融合发展的理论逻辑与内在机理→阐述新疆交旅产业融合发展的基本状况→构建融合发展评价指标体系及综合评价模型，测度新疆交旅产业融合发展的水平与时序变化→找出新疆交旅产业融合发展存在的问题→分析新疆交旅产业融合发展的制约因素→新疆交旅产业融合发展的 SWOT 分析→借鉴国内外交旅产业融合发展的成功经验→设计高质量发展背景下的新疆交旅产业融合发展路径→提出相应的促进新疆交旅产业融合发展的具体对策和保障措施。具体研究思路如图 1-1 所示。

1.5.2　研究方法

1.5.2.1　规范分析与实证分析相结合

对新疆交旅产业融合发展的目标和路径设计、促进新疆交旅产业融合发展路径实施的对策采用规范分析方法；对新疆交旅产业融合发展水平测度采用实证分析方法，运用熵值法、耦合协调模型与同步性指数测度新疆交旅产业融合发展的水平程度与时序变化。

1.5.2.2　定量分析与定性分析相结合

对新疆交通运输发展现状、新疆旅游产业发展现状及新疆交旅产业融合发展现状采用定量分析的方法；对新疆交旅产业融合发展的理论逻辑与内在机理、新疆交旅产业融合发展存在的问题与制约因素采用定性分析方法。

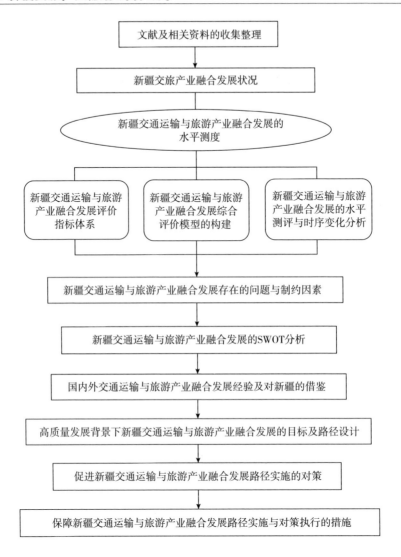

图 1-1　本书的主要思路框架

1.5.2.3　比较分析与归纳分析相结合

通过对国际与国内、内地与新疆的交旅产业融合发展进行系统比较，结合新疆交旅产业融合发展的实际情况，归纳并提炼出促进新疆交旅产业融合发展的借鉴路径及对策建议方面的启示。

1.6　研究创新之处

1.6.1　研究视角新颖

推进新疆交旅产业融合高质量发展，是贯彻国家六部委交旅产业融合发展若干建议和实施"旅游兴疆战略"的重要举措，必须举全力来实施。但在如何实施、从哪儿突破、具体对策等方面尚有许多问题亟待研究，本书正是基于此而发力。

1.6.2　研究内容深入

在研究内容设计方面，本书对新疆交旅产业融合发展的内在机理、水平测度、时序变化、存在的问题、制约因素进行系统研究，并进一步确定新疆交旅产业融合发展目标，设计新疆交旅产业融合发展路径，提出对策建议。研究内容设计凸显现实性、系统性和可操作性。

1.6.3　研究方法多重

研究方法多重。本书综合运用民族学、社会学、经济学、管理学等理论知识，采用二手数据收集、国内外典型案例比较研究、实地调研、深度访谈和实证研究等多种方法，能够确保研究结论可信，具有学术价值和实践价值。

第2章　基本概念界定和理论基础

2.1　基本概念界定

2.1.1　产业的内涵

"产业"是一个较模糊的概念，我国对产业的定义基本沿用了古典经济学的概念。在计划经济时代背景下，产业主要指国民经济的"部门"和"行业"；在现代市场经济背景下，产业被定义为具有某种相同属性企业的一个集合。具体而言，国民经济中的各行各业都能被称为产业，各产业的现状和发展都与国民经济和区域经济息息相关。所以我们对产业的定义应与时俱进，选取恰当的范围，从狭义、广义进行理解，进而全面把握产业的核心内涵和主要外延。

围绕产业的内涵，学者们做了一系列的概念界定，但整体还处于"仁者见仁，智者见智"的阶段，还没有形成统一的内涵与外延。大部分学者认为，产业是国民经济（宏观层面的经济）与企业和家庭经济（微观层面的经济）的集合，共同组成了经济发展的重要支撑。也有部分学者指出，产业的内涵可以从三个不同的视角进行概念的界定：从产品视角分析，产业可以被表述为"同类产品或类似产品及它们的可替代产品的总和"；从产品制造视角分析，产业可以被表述为"同类产品或类似产品及其可替代产品的制造活动的总和"；从产业经营主体视角分析，产业可以被表述为"制造并营销同类产品或类似产品及其可替代产品的企业的总和，即企业和其竞争对手的集合"。结合两位学者的观点，本书对产业内涵的界定如下：产业是指在产品、生产、经营主体等方面具有共同特征或相似特征的企业的总和；根据产业结构延展性的差异，产业可以分为第一产业、第二产业、第三产业。本书中的交通运输产业和旅游产业均属于第三产业。

2.1.2 交通运输产业的内涵

交通运输部门主要指社会经济发展过程中专业开展商品或旅客运送、转移等活动的专业化生产部门；一般情况下，交通运输部门主要由公路运输、铁路运输、航空运输等部门组成。交通运输部门提供的交通运输服务主要有以下几个鲜明的特征：①交通运输服务具有方向性位移的作用，拥有不能存储的特征。②交通运输服务属于衍生需求，主要受最终消费者原生需求的影响。③交通运输服务属于资本密集型的服务行业，具有较高的沉没成本。④交通运输服务具有需求端的动态性与供给端的滞后性的双重特征。⑤不同交通运输部门提供的交通运输服务之间竞争性与协同性并存，这也不同于其他行业。

不同的运输方式在经济发展中发挥着不同的作用，公路运输适用于我国的中途、短途运输；铁路运输的输送线路较长、能力大，适用于长途运输；水路运输成本低，但对于地形的要求较严格。不同的交通运输方式支撑着人们的衣食住行，也推动着经济社会的不断发展。在常见的分类中，第一产业是农、林、牧、渔等，第二产业是工业等，交通运输产业提供的是服务，可以产生新的价值，因此，习惯将交通运输产业归在第三产业中。

围绕交通运输产业的内涵，国内外学者开展了一系列的研究，形成一些较有代表性的概念界定。国外学者的研究相对较早，诺贝尔经济学奖得主保罗·萨缪尔森（Paul Samuelson）在其著作中将交通运输产业定义为"将商品从生产地转移到消费地的行业"。有学者认为交通运输受空间和时间的约束，空间约束是指交通运输需要实现人和物在空间上的移动；时间约束是指人们以尽可能短的时间开展运输活动。国内学者的研究略滞后于国外的研究，王庆云（2003）认为交通运输产业是指国民经济中专门从事运送货物和旅客的社会生产部门，是从事运送经济活动的所有企业或组织的总和。荣朝和（2010）认为运输业的发展是经济发展的基本物质保证，是社会生产过程的重要组成部分，具有重要的政治、经济和社会意义。李学工和杨贺（2007）认为交通运输产业是指铁路、公路、水路和航空等各种运输方式所构成的一个庞大而复杂的系统。邹海波和吴群琪（2007）认为交通运输可分为交通和运输，交通强调交通工具以及人员跨地区的流动，运输强调运输工具运载物位置的移动。姚新盛等（2010）认为交通运输是交通枢纽、交通基础设施、交通站点等在空间、时间两个维度上的分布。根据国内外学者的相关研究，可以发现，尽管学者们对交通运输产业的内涵界定存在一定的差异，但强调的始终都是利用交通工具从而实现人和物区位的移动。而在游客开展旅游活动的过程中，游客乘坐的交通运输工具包括航空、公路、铁路交通工具等，不包括管道运输工具，都属于交通运输产业的核心范畴。

综上所述，本书对交通运输产业的内涵界定为：交通运输产业属于一种特殊的产业形式，它主要通过运用各类交通运输工具，实现对旅客或商品的转移活动的交通运输类企业的总和，可以分为：公路运输服务、铁路运输服务、航空运输服务等。

2.1.3 旅游产业的内涵

在早期研究中，学者们对旅游业是否可以称为产业有争论。诸多国外学者认为，旅游并不能作为一个产业，因为其发展建立在其他市场之上，而发展所需的其他产品由其他产业所提供。随着经济发展，逐渐很多国内外的专家都把旅游称作一种"旅游产业"。李天元（2003）认为旅游业以旅游者作对象，为其旅游活动创造更多便利、提供他们所需要的商品和服务的一个复合性产业。2009 年，我国正式将旅游业作为一种行业，认为其可作为国家发展战略的支柱性产业以及使人们愈加满意的现代化服务业。林南枝等（1992）认为旅游产业的界定应该根据需求展开，其意味着理解旅游产业的概念应从消费者需求角度进行思考，即旅游过程中凡与旅游消费相关及关联性企业或者活动都在旅游产业的范畴内，如交通、游憩、接待行业等。在多年发展中可知，旅游业确实是一种客观存在的产业，如今更是被看作国民经济发展中的中坚力量。

旅游产业为了满足旅游者的物质和精神上的需求，通过开发旅游资源和利用旅游基础设施为旅游提供产品和服务的综合性产业。旅游产业在为消费者提供旅游景点详情和旅游规划的基础之上，还应提供旅游中所必要的住宿条件、休憩场所、出行条件、餐饮设施等一系列产品和服务。《国家旅游及相关产业统计分类（2015）》对旅游产业进行了明确定义，即"旅游产业是指为游客提供食、住、行、游、购、娱等服务活动的集合"。旅游的相关产业包括旅游辅助服务、政府旅游管理服务。王丹竹（2017）认为旅游产业是在享有旅游设施和资源的基础之上，为消费者提供相关的服务和产品的一类行业的集合体。张莉和李陶（2022）指出旅游产业是由国民经济行业中各个涉旅产业复合而成。

综上所述，本书主要结合张莉和李陶、王丹竹的观点，认为旅游产业是基于旅游资源和设施，为满足消费者旅游需求来提供产品和服务的涉旅产业集合。

2.1.4　交旅产业融合的内涵

随着我国经济的繁荣发展，交通运输产业与旅游产业在公路交通建设和旅游开发的影响之下，两者融合发展已经成为新的潮流，也是必然的趋势。交旅产业融合的根本理念是提高发展的水平，发展方式是耦合，而耦合状态是协调，耦合的协调程度提高后向高层次综合发展的水平迈进。在交旅产业融合模式下，交通系统和旅游系统均能够发展成拥有复合型资源的综合体。2017 年，中国公路学会的理事长翁孟勇强调可达性、舒适性等是旅游交通应该具备的基本特征，在此基础上为旅客提供安全、舒适、便捷的旅游交通产品和服务。交通运输部提出，交通运输的旅游服务将向高质量、多样出行体验、"全域旅游"进行转变。

旅游业作为我国的新兴支柱产业，带动我国经济的发展，也逐渐成为大众娱乐的首选方式。交通业的高速发展，也成为连接各旅游资源和担当旅游附属景点的角色，对旅游业起到强劲的推动作用。在满足最基本的交通安全情况下，建设舒适绿色的交通环境，对旅游的发展起到促进作用；在交旅产业融合发展的前提之下，交通作为旅游整体发展的基础，是促进旅游资源互相连接的关键纽带。旅游作为交通发展的必然方向，是引导交通业与旅游业融合发展中的重要角色。两者相伴共生，用融合发展的理念指导产业发展思路，提供产业融合依据，打造出有别于以往单一产业发展的全新路径。

本书对交旅产业融合的内涵界定为：交旅产业融合是为旅客提供便捷舒适的旅游交通产品及服务，同时达到交通运输与旅游在广度和深度上融合的目的，实现交通运输同旅游在资源和功能上的融合，互利共生实现可持续发展。

2.2　理论基础

2.2.1　产业融合理论

产业融合的概念最早由美国学者罗森伯格根据调查在 1963 年提出，他认为"关联性、动态性和市场性"是产业融合发展的重要前提。具体来讲，产业融合是从科技融合发展逐步发展至生产、经营的融合，再到市场的融入，最后形成产业融合，这是一种独特的产业发展过程。产业融合分为纵向延伸产业融合、横向发展产业融合和产业的重新组合，其是不断变化的一个过程，产业融合可作为整体或局部的融合。在交通运输产业和旅游产业融合领域，融合的两个产业间具有资源互补的关系，交通运输产业对旅游产业的经济增长具有一定的促成作用，交通运输的融入提升了旅游产业的竞争力，而旅游产业的快速发展也能够带动交通运输条件的不断完善和优化。对于交旅产业融合，更多的是指交通运输产业和旅游产业在技术、资源等要素的推动下不断相互渗透、重组，最终形成交通运输产业和旅游产业共同发展的复合式产业发展模式，该模式可以助推旅游产业和交通运输产业的高质量发展，使两大产业能够实现互补和共赢。因此，本书引入产业融合理论作为基础理论，为新疆交旅产业的融合发展提供较好的理论支撑。

2.2.2 耦合系统理论

最早提出耦合理论是在物理学上，其表示两个或两个以上的系统或运动形式彼此作用、影响以及物理现象。近年来，"耦合"的概念逐渐延伸到环境、农业、工业、第三产业等研究领域，逐步形成了"产业耦合"的概念。易慧（2022）将产业耦合定义为产业之间突破边界，拓展彼此的产业链，使技术、资源、产品、服务以及企业间相互交融，产生性能更全面的融合产业。伴随耦合理论研究的深入与应用范围的延伸，经济学领域的实证研究开始引入"产业耦合"的概念，表示经济社会发展以及市场需求的产物，通过互相耦合发展可以实现产业叠加效应，达到双赢的局面。

经过理论调研和查阅相关文献资料可知，交通产业和旅游产业的融合发展同样可以运用耦合原理进行解释，两个产业彼此依赖、互相促进，具有紧密的关联性，并且具有系统耦合的必要条件。在资源方面，交通资源与旅游资源具有相互融合的基础，包括历史人文景观、地方特色民俗等，它们既是富有文化内涵的旅游资源，也为交通产业发展提供了根本条件；

在市场方面，交通运输产业和旅游产业均属于服务业，需要满足民众的精神需求，因此，企业、受众人群等要素存在较强的联系和重合，且两者更注重消费者的体验与感受，从产品供应角度也有共同的要求；在人才方面，两个产业对从业人员的知识储备、表达能力和服务水平等均有较高的要求，在产业的运营管理方面也亟须复合型人才进行合理规划，进而促进产业的可持续发展。

近年来，交通运输产业和旅游产业融合发展、优势互补，已成为一种新型的产业融合模式。两者融合与产业耦合的理论机制恰巧吻合，因此本书将耦合系统理论作为理论基础之一，对新疆交通运输产业和旅游产业的融合发展机制和策略建议提供了较好的理论分析工具。

2.2.3 产业关联理论

产业关联是指产业之间通过各种投入品和产出品作为纽带的技术经济上的联系。产业间的技术、产品、价格和投资，以及这些在空间上的联系为产业间的耦合提供基础，产业的耦合又会加深产业间技术、产品、价格和投资上的联系，这都有助于协调发展。产业关联理论是应用经济学中经常使用的理论，对交通运输产业和旅游产业两部门之间的关联分析也有较好的借鉴。产业关联理论如今在各行业中已经有了一定应用，其为分析优化产业的结构、布局产业的发展策略和制定产业发展政策提供了借鉴。

产业关联主要包括两种类型：一种是直接关联与间接关联；另一种是前向关联与后向关联（谭珊，2018）。交通运输产业和旅游产业更多属于前向关联、直接关联，产业关联理论的相关内容能够为新疆交旅产业的融合发展测评和路径设计提供一定的参考借鉴。

2.2.4 旅游系统理论

旅游系统理论的研究最早可追溯到 20 世纪 20 年代，主要理论成果诞生于苏联，内容包括旅游要素概念的界定、要素之间的逻辑关系、要素构成条件等方面的内容。20 世纪 70 年代，这一理论得到进一步的完善，旅游不再单纯作为一个地理概念出现，更多地融入了社会学因素，人们得以从社会学的角度去深化对其概念的认识。在这一理论的支撑下，旅游不再是一个静态的概念，而是随着其余要素的变换始终处在一个动态变化的过程中。吴必虎（1998）提出对于旅游地域而言，旅游系统由其主体、客体以及媒介组成。刘峰（1999）认为旅游系统是为驱动旅游活动各因子相互促成、互相制约而形成的有机系统。吴人韦（1999）认为旅游系统是由旅游者、旅游地、旅游企事业组成的一个旅游产业系统，具有竞争、运转、增益等功能。

旅游系统是系统理论在旅游领域的具体应用，旅游活动由多个子系统组成，旅游系统建设关键在于发展过程中各个领域的关联性及协调性。综合旅游系统内各要素的功能和特征，旅游系统分别由供给、中介、需求和支持子系统四个部分组成，四个部分之间相互依存，从而构成一个有机整体。因此，旅游系统理论的相关内容能够为研究新疆交旅产业融合发展的相互关系及变化规律提供理论上的支持。

2.2.5　产业价值链理论

产业价值链理论主要涵盖两大部分，分别是价值链和产业链。价值链最初是由 Micheal Porter 在 1985 年出版的《竞争优势》一书中提出，其认为企业由多个不同的活动所集合而成，而这些活动又是由企业各个环节所产生，因此用一条价值流动的线条来表示这些环节，也正由此形成了企业价值链。产业链属于产业经济学的界定范畴，产业链的本质实际上是多个产业通过供需所产生的关系，主要反映多个产业通过特定的技术和经济产生联系，同时以较为固定的逻辑关系和时空布局产生相应的链条型关联。产业价值链本身具有一定的价值集聚效果，而对于交通运输产业和旅游产业，这两大产业均处于第三产业的范畴，而两者又在企业、产品、资源、技术等多个方面具有较强的关联性和重合性，一旦这两者发生渗透并结合形成交旅产业融合新业态，与其联系较为紧密的部分组织便会通过新的产业产生集聚现象，从而形成独有的市场竞争力。因此，产业价值链理论的相关内容能够为研究新疆交旅产业的融合发展提供必要的理论支撑。

2.2.6　交通经济带理论

在中国实行了改革开放的政策后，逐步确定将经济建设作为国家发展的重心。杨明华等（2004）提出交通经济带形成的主轴是交通干线或综合运输通道，由此带动相应的经济产业带的发展。通常情况下，交通经济带会依赖于设施、载体、产业、区位等要素，通过优化整合发展，促进经济带的生产性要素自由流动以及合理配置，强化城市之间经济、文化的交流合作，促进要素体系的重新组合、资源配置以及利用效率和强度得到提升，进而形成发达完善的带状区域经济的组合网络。

旅游产业常被看作"朝阳产业"，旅游产业要想高质量高效率地发展，与交通建设的关系密切。交旅带由交通基础设施、旅游节点以及旅游产业构成，其一体化的建设即把交通建设以及沿轴线都市圈的经济或旅游业的发展进行一体化战略规划，充分把握交通新干线发展的机遇，对沿线资源进行有序的整合优化和适度开发，推动发展具有优势的产业和沿轴线地带经济的增长；此外，产业经济的发展又会为交通建设提供资金上的支持，互相促进，进而实现协调可持续发展。本书将交通经济带理论作为基础理论之一，尝试运用其为新疆的交通系统建设与旅游产业的协调发展，并提供理论支持和指导，提出合理的交通建设布局、旅游产业发展的规划，进而更好地实现新疆交旅产业的高质量融合发展。

第3章 新疆交旅产业融合发展状况

3.1 新疆交通运输产业发展现状分析

3.1.1 交通基础设施建设稳步推进

交通基础设施建设对区域经济发展起着战略性的支撑作用。在"一带一路""交通强国""乡村振兴""旅游兴疆"等重大战略的指引下，近年来，新疆不断增加交通运输基础设施的投入资金，在公路里程、铁路里程等方面取得了一定的成效。在交通运输基础设施固定资产投资方面，2011 年新疆交通运输基础设施固定资产投资为 523.06 亿元，2015 年为 1061.36 亿元，2017 年为 1978.50 亿元（历史最高），2020 年为 978.67 亿元；整体来看，新疆交通运输基础设施投资逐年增加，为新疆交通运输产业的发展提供了较好的资金基础。在交通运输方式的多样性和设施规模方面，也取得了较好的成效。以 2015 年和 2020 年数据为例，铁路运输方面：2015 年新疆铁路营业里程为 6165 公里，2020 年为 7760 公里，增长率为 25.87%；公路运输方面：2015 年新疆公路里程为 178263 公里，2020 年为 209220 公里，增长率为 20.92%；民用航空运输方面：2015 年新疆民用航线里程为 209300 公里，2020 年为 509369 公里，增长率为 143.37%。总体来看，新疆交通运输呈现以下成效：铁路运输建设全面推进，铁路网络体系逐步完善；公路运输网络日趋完善，覆盖广度、通达深度、畅通程度取得较大提高；民航运输实现跨越式发展；已经形成综合性的交通运输网络体系。

3.1.2 现代交通运输体系建设取得初步成效

近年来，新疆深入贯彻交通强国战略，积极响应共建"一带一路"倡议，基本建立了以乌鲁木齐为中心，以各地州市为节点，以铁路、公路、航空等多种交通运输方式为载体的"多式联运、高效衔接"的现代综合交通运输体系。截至 2021 年底，新疆公路网密度比 2012 年增长超过四成，14 个地州市均迈入高速公路时代，107 个县市实现等级公路的全面覆盖；铁路营业里程达到 8768 公里（其中，高速铁路达 718 公里）；民用机场的数量达 25 座，居全国首位；整体来看，"三出疆、两环、两对外"现代综合交通格局基本形成，这也为新疆旅游产业的快速发展和"旅游兴疆"战略的实施提供了较坚实的交通运输基础。

3.2 新疆旅游产业发展现状分析

3.2.1 旅游产业规模呈现逐年增加的态势

新疆具有浓郁的民族风情、特色的西域文化、独特的军垦文化、极具魅力的丝路文化等，区域内文化资源禀赋较高；并且新疆区域内的旅游资源丰富，具有得天独厚的发展旅游优势；丰富的文旅资源为新疆旅游产业的发展壮大提供了坚实的基础。第二次中央新疆工作座谈会明确提出，将新疆建设成为丝绸之路经济带旅游集散中心，这是党中央为新疆旅游明确的战略定位，也推动了新疆旅游产业的蓬勃发展。在旅游总收入方面，2015 年新疆旅游总收入为 1022 亿元，2019 年为 3632.58 亿元，短短五年时间，增长幅度达到 2 倍以上；在旅游接待人数方面，2015 年新疆旅游接待总人数 6097 万人次，2019 年为 21329.54 万人次，增长幅度接近 3 倍；在旅行社总数方面，2015 年新疆旅行社总数为 339 个，2019 年为 611 个，增长幅度达 1 倍左右。整体来看，2020~2022 年，新疆旅游产业规模迈入了跨越式发展的阶段。

3.2.2 各地州市旅游产业发展存在较大的差异

新疆旅游产业进入了快速发展的阶段，但各地州市在旅游经济发展方面存在较大的差异。在旅游总收入方面：2019 年，乌鲁木齐旅游总收入为 1137.60 亿元，伊犁哈萨克自治州旅游总收入为 1190.4 亿元，克孜勒苏柯尔克孜自治州旅游总收入达 14.25 亿元，哈密市旅游总收入达 56.73 亿元；整体来看，新疆 14 个地州市的旅游总收入存在较大的差异。在接待国内外游客人次方面：2019 年乌鲁木齐市接待国内外游客总人数为 7526.38 万人次，伊犁哈萨克自治州接待国内外游客总人数为 10326.4 万人次，克孜勒苏柯尔克孜自治州接待国内外游客人数为 356.22 万人次，哈密市接待旅游人数为 1569.38 万人次；整体来看，新疆 14 个地州市在接待旅游人数方面也存在较大的差异。此外，在旅行社和星级宾馆数量方面，新疆各地州市也存在一定的差异。新疆各地州市在旅游经济发展方面的差异，对交旅产业的融合发展带来了一定的挑战。

3.3 新疆交旅产业融合发展现状分析

为贯彻落实《关于促进交通运输与旅游融合发展的若干意见》《交通强国建设纲要》《国务院办公厅关于促进全域旅游发展的指导意见》等交

旅产业融合发展的国家政策文件，新疆维吾尔自治区政府也逐步推动交旅产业的融合发展。具体来讲，主要在政策规划融合、交通基础设施融合、运输服务融合等方面开展了相应的融合发展策略，并初步取得了一定的成效。

在政策规划融合方面：新疆维吾尔自治区政府相继出台了《新疆公路交通运输与旅游融合发展三年行动计划（2018—2020年）》《新疆维吾尔自治区"十四五"交通运输发展规划》《关于促进交通运输与旅游产业融合发展的指导意见》等政策文件，为新疆交旅产业的融合发展初步指明了方向，能起到纲领性文件的作用。

在交通基础设施融合方面：新疆维吾尔自治区政府主要在"路旅融合"方面推进了交通设施融合的工程建设，比如建成那巴公路、独库高速公路、S21（阿勒泰—乌鲁木齐高速公路）等；在高速服务区融合方面，建成阜康服务区（西北地区唯一入选的交旅产业融合驿站项目），能起到示范的作用。

在运输服务融合方面：近年来，新疆陆续投资打造5条"快进"高速公路，构建S101天山地理画廊等"慢游"线路，为新疆交旅产业的"快进慢游"融合策略增添了新动力；推出"独库公路""那巴公路"等优质交旅产业融合旅游线路，并开通直达景区的火车线路135条；优化了14个地州市的交旅服务设施体系，直接服务A级旅游景区的数量达到278个，真正谱写了"大美新疆"的交旅主旋律。

第4章 新疆交旅产业融合发展的水平测度

在论述新疆交旅产业现状及融合发展状况的基础上，还需要进一步对新疆交旅产业融合发展水平进行科学评价，以达到较准确的测度，方便总结和梳理新疆交旅产业融合发展的具体成效。本章在第3章的基础上，在科学性、全面性、典型性与可操作性等原则的指导下，构建新疆交旅产业融合发展评价指标体系，并采用熵值法与耦合测度模型对新疆2011~2020年的交旅产业融合发展水平进行测度，通过综合评价和对比分析，反映新疆交旅产业融合发展的具体成效，为初步识别新疆交旅产业融合发展中存在的诸多问题与制约因素打下坚实基础。

4.1 新疆交旅产业融合发展评价指标体系的构建

4.1.1 构建的原则

4.1.1.1 科学性原则

选取的新疆交旅产业融合发展评价指标应遵循注重"实事求是"的原则，要如实体现新疆交旅产业融合发展的真实状况，能够为新疆交旅产业融合发展评价提供科学的、客观的参考。

4.1.1.2 全面性原则

选取的新疆交旅产业融合发展评价指标要全面、系统地体现新疆交旅产业融合发展的整体特征，评价指标的甄选应遵循"全局思维""系统思维"，要能够全面、准确地衡量新疆交旅产业融合发展水平。

4.1.1.3 典型性原则

选取的新疆交旅产业融合发展评价指标应结合新疆交旅产业融合发展的现状，挑选最具有代表性、最能体现所要测评问题的指标，以客观评估新疆交旅产业融合发展的真实状况。

4.1.1.4 可操作性原则

选取的新疆交旅产业融合发展评价指标要充分考虑指标数据的可获得性，应主要挑选能够进行测度、计算和比较的指标，同时，要兼顾新疆交旅产业融合发展的实际状况。

4.1.2 评价指标体系的构建

借鉴已有的研究成果，结合新疆交旅产业融合发展的实际情况，遵循科学性、全面性、典型性和可操作性等原则，本章构建了新疆交旅产业融合发展水平评价指标体系。该指标体系共包括 2 个子系统，4 个一级指标，17 个二级指标。如表 4-1 所示。

表 4-1 新疆交旅产业融合发展评价指标体系

目标层	子系统	一级指标	二级指标	指标权重
新疆交旅产业融合发展水平	交通运输产业发展水平	交通运输产业绩效	铁路客运量（万人）	0.087
			公路客运量（万人）	0.043
			民用航空客运量（万人）	0.098
			铁路旅客周转量（亿人公里）	0.028
			公路旅客周转量（亿人公里）	0.056
			民用航空旅客周转量（亿人公里）	0.043

目标层	子系统	一级指标	二级指标	指标权重
新疆交旅产业融合发展水平	交通运输产业发展水平	交通运输产业要素	铁路营业里程（公里）	0.046
			公路里程（公里）	0.038
			民航航线里程（公里）	0.093
			国内旅游收入（亿元）	0.093
	旅游产业发展水平	旅游产业绩效	国际旅游外汇收入（亿美元）	0.031
			国内旅游接待人数（万人次）	0.092
			国际旅游接待人数（万人次）	0.025
		旅游产业要素	旅行社数量（个）	0.092
			星级宾馆数量（个）	0.060
			旅行客房数量（间）	0.027
			旅行床位数量（张）	0.049

4.2　新疆交旅产业融合发展综合评价模型的构建

4.2.1　交旅产业融合发展指标权重的测定方法—熵值法

熵值法是一种测量某个指标离散程度的方法，如果离散程度越大，则说明该指标对综合评价的影响程度也就越大；通过判断每个指标的离散程度，是进行产业融合水平测度确定权重的主要方法之一。本书主要根据构建的新疆交通运输产业和旅游产业相关评价指标，进行离散程度的测算；测评结果如果越大，则所选择指标对综合水平评价的影响程度也就越大，这为实现系统的多指标评价提供了较为科学的分析工具与统计方法。

4.2.2 熵值法的计算步骤

根据国内外相关研究，通过熵值法确定权重的计算步骤，大致可以分为以下四个步骤：

第一步，数据无量纲化处理。

根据表 4-1 指标评价体系，可构建出如下矩阵，式（4-1）中，X_{ij} 表示第 i 年的交通运输产业或者旅游产业第 j 项指标。

$$X = (X_{ij})_{m \times n} \qquad (4-1)$$

为避免数据指标单位不统一造成的误差，需要对数据进行无量纲化处理。同时，需对数据进行非负处理。具体公式如下：

$$Y_{ij} = \frac{X_{ij} - X_{min}}{X_{max} - X_{min}} + 0.01 \, (i = 1, 2, \cdots, m; j = 1, 2, \cdots, n) \qquad (4-2)$$

第二步，归一化处理。

计算出第 j 项指标当中第 i 年占该项指标的比重，公式如下：

$$Z_{ij} = \frac{Y_{ij}}{\sum_{i=1}^{m} Y_{ij}}, \ (j = 1, 2, \cdots, n) \qquad (4-3)$$

第三步，计算熵值。

$$e_j = -k \times \sum_{i=1}^{m} Z_{ij} \ln(Z_{ij}), \ (0 \leqslant e_j \leqslant 1) \qquad (4-4)$$

其中，常数 k 的值由年份 m 决定，一般情况下，$k = \frac{1}{\ln m}$。

第四步，计算权重。

首先计算变异系数：

$$g_j = 1 - e_j \qquad (4-5)$$

其次计算指标权重：

$$\omega_j = \frac{g_j}{\sum_{i=1}^{m} g_j} (j = 1, 2, \cdots, n) \qquad (4-6)$$

最后计算研究对象交通运输产业或旅游产业发展水平综合得分：

$$U_i = \sum_{j=1}^{n} \omega_j \times Y_{ij} \, (i = 1, \, 2, \, \cdots, \, m, \, j = 1, \, 2, \, \cdots, \, n) \qquad (4\text{-}7)$$

4.2.3　综合评价模型构建——耦合度模型

4.2.3.1　耦合度模型

交通运输产业和旅游产业两类产业的耦合度定义如下：

$$C = \left\{ \frac{4f(x) \times g(x)}{[f(x) + g(x)]^2} \right\}^{\theta} \qquad (4\text{-}8)$$

其中，C 表示耦合度，θ 表示调节系数，f(x) 表示交通运输产业无量纲化处理后的综合得分，g(x) 表示旅游产业无量纲化处理后的综合得分。因为：$1 - \dfrac{4XY}{(X+Y)^2} \geqslant 0$ 是恒成立的，所以耦合度 C 的数值范围为 $[0, 1]$，如果 C 数值越大，表示两个系统之间的耦合度也就越高，此处调节系数 θ 取值 0.5，得到如下公式：

$$C = 2\sqrt{\frac{f(x) \times g(x)}{[f(x) + g(x)]^2}} \qquad (4\text{-}9)$$

耦合度 C 数值的大小，对应不同的交旅产业耦合等级，具体分类如表 4-2 所示。

表 4-2　不同耦合指数对应的等级分类

耦合度 C	[0.0, 0.3]	(0.3, 0.5)	(0.5, 0.8)	(0.8, 1.0]
耦合等级	低度	较低	较高	高度

4.2.3.2　耦合协调度模型

为进一步探索新疆交通运输产业和旅游产业的相互作用程度，通过构建耦合协调度模型，来进一步分析新疆交通运输产业和旅游产业之间的协调程度，具体表达式如下：

$$D = (C \times T)^{\gamma} \qquad (4\text{-}10)$$

$$T = \alpha f(x) + \beta g(x) \qquad (4\text{-}11)$$

式（4-10）中，D 表示新疆交通运输产业和旅游产业的耦合协调度，C 表示耦合度，T 表示两种产业的调和指数，反映了新疆交通运输产业和旅游产业之间的协调指数。式（4-11）中，α+β＝1，公式中 α 和 β 分别表示交通运输产业和旅游产业的权重。在本书中，交通运输产业和旅游产业的贡献程度相同，α 和 β 均取值 0.5，调节系数 γ 取值为 0.5。D 值越高，说明新疆交通运输产业和旅游产业融合发展效应较好。表 4-3 为新疆交通运输产业和旅游产业耦合协调度的等级划分标准。

表 4-3　新疆交通运输产业和旅游产业耦合协调度的等级划分标准

序号	协调度区间	对应等级	耦合协调水平
1	0.00~0.09	极度失调	低水平耦合协调
2	0.10~0.19	严重失调	
3	0.20~0.29	中度失调	
4	0.30~0.39	轻度失调	
5	0.40~0.49	濒临失调	中等水平耦合协调
6	0.50~0.59	勉强协调	
7	0.60~0.69	初级协调	
8	0.70~0.79	中级协调	高水平耦合协调
9	0.80~0.89	良好协调	
10	0.90~1.00	优质协调	

4.2.3.3　同步性模型

为了更好地表示交通运输产业和旅游产业在不同年度下的相对关系，本章使用变量 P 表示两产业间的耦合同步性，从而为交旅产业融合发展提供合理的建议。

$$P = \frac{Y}{X} \tag{4-12}$$

其中，P 表示交通运输产业和旅游产业的同步性，X 和 Y 分别为交通运输产业与旅游产业的综合发展水平指数。根据 P 值的大小，可以将交通运输产业和旅游产业的同步性划分成不同的类型，具体划分类型如表 4-4 所示。

表 4-4　交通运输产业与旅游产业耦合类型划分

同步性 P	P<0.9	1.1≥P≥0.9	P>1.1
等级划分	旅游滞后型	同步发展型	交通滞后型

4.2.4　交旅产业耦合类型的划分

对交通运输产业与旅游产业耦合协调度 D 和同步性 P 两个参数进行综合分析，得出耦合协调度 D 和两大产业同步性的等级判断标准，从而能深入了解交通运输产业与旅游产业的耦合发展情况，确定类型评定标准，如表 4-5 所示。

表 4-5　交通运输产业与旅游产业耦合类型划分

序号	耦合协调度 D	同步性 P	耦合类型
1	[0.7, 1]	P>1.1	高水平耦合协调 交通滞后型
2		1.1≥P≥0.9	高水平耦合协调 同步发展型
3		P<0.9	高水平耦合协调 旅游滞后型
4	[0.4, 0.7]	P>1.1	中等水平耦合协调 交通滞后型
5		1.1≥P≥0.9	中等水平耦合协调 同步发展型
6		P<0.9	中等水平耦合协调 旅游滞后型

续表

序号	耦合协调度 D	同步性 P	耦合类型
7		P>1.1	低水平耦合协调
			交通滞后型
8	[0, 0.4]	1.1≥P≥0.9	低水平耦合协调
			同步发展型
9		P<0.9	低水平耦合协调
			旅游滞后型

4.2.5 数据收集

本书所涉及的数据主要来源于 2012~2021 年的《新疆统计年鉴》《新疆维吾尔自治区国民经济和社会发展统计公报》，以及新疆维吾尔自治区文化和旅游厅、新疆维吾尔自治区交通运输厅等网站获取相关的数据资料。为确保数据样本量和数据可得性，采取插值法、平滑指数等方法来弥补数据的不足。

4.3 新疆交旅产业融合发展的水平测评与时序变化

4.3.1 新疆交旅产业综合发展水平测度分析

从表 4-6 和图 4-1 可以看出，2011~2020 年新疆交旅产业综合发展水平的变化趋势存在一定的差异。首先，两者初始值相距较大，起始研究年份 2011 年交通运输产业综合发展水平值为 0.1012，而旅游产业综合发展水平值为 0.1580，后者是前者的将近 1.5 倍，表明在"十二五"初期，新疆旅游产业发展程度要优于交通运输产业；其次，从发展态势来看，新疆交通运输产业综合发展水平指数与旅游产业综合发展水平指数都呈现稳步上升的趋势，从整体来看，新疆交通运输产业和旅游产业都呈现越来越好的发展态势；最后，从图 4-1 可以看出，新疆交通运输产业和旅游产业在发展进程中，存在交叉、重叠、差距波动的现象，表明两者存在发展不平衡、不同步的严峻问题，这在很大程度上影响了两者之间融合发展的程度。

表 4-6　2011~2020 年新疆交通运输产业与旅游产业发展水平综合评价指数

项目 \ 年份	2011	2012	2013	2014	2015	2016	2017	2018	2019	2020
交通运输产业综合发展水平	0.1012	0.1472	0.1815	0.1866	0.1673	0.2465	0.2882	0.3249	0.3810	0.2386
旅游产业综合发展水平	0.1580	0.1885	0.1103	0.1020	0.1405	0.1604	0.1560	0.3543	0.3341	0.1943

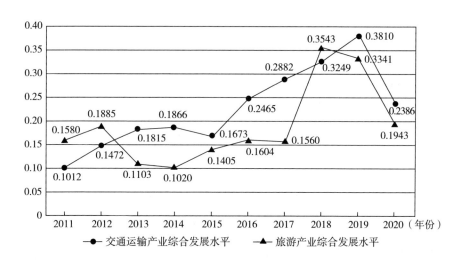

图 4-1　2011~2020 年新疆交通运输产业与旅游产业综合发展水平变化趋势

4.3.2 新疆交旅产业耦合度测度分析

通过耦合度测度公式，测算了 2011～2020 年新疆交通运输产业与旅游产业的耦合度 C，结果如表 4-7 所示。耦合度可以反映交通运输产业与旅游产业发展过程中联系的紧密程度，从表中可以看出，2011～2020 年新疆交通运输产业与旅游产业的耦合度 C 值整体水平较高，平均值为 0.9793，说明新疆交通运输产业与旅游产业之间发展的关联程度处于较高水平；从发展趋势上来看，2011～2020 年耦合度 C 呈现出一定的波动，这说明虽然交通运输产业与旅游产业在此期间产业间相互作用强烈，发展关联程度较为密切，但是两者的这种耦合发展的稳定性不足，没有形成比较充分且稳定的耦合发展机制，才会导致其耦合度出现较大的波动。

表 4-7　新疆交通运输产业与旅游产业耦合度测度情况

年份\项目	2011	2012	2013	2014	2015	2016	2017	2018	2019	2020
交通运输产业综合发展水平	0.1012	0.1472	0.1815	0.1866	0.1673	0.2465	0.2882	0.3249	0.3810	0.2386
旅游产业综合发展水平	0.1580	0.1885	0.1103	0.1020	0.1405	0.1604	0.1560	0.3543	0.3341	0.1943
耦合度 C	0.9756	0.9924	0.9698	0.9772	0.9561	0.9962	0.9774	0.9547	0.9991	0.9948
耦合等级	高度	高度	高度	高度	高度	高度	高度	高度	高度	高度

4.3.3 新疆交旅产业的耦合协调度测度与分析

本章通过耦合协调度的测度来分析 2011～2020 年新疆交通运输产业与旅游产业两个系统的耦合协调情况，并结合前文中的新疆交旅产业的综合发展水平指数及耦合协调等级标准对耦合协调情况进行划分，具体分析结果如表 4-8 所示。

表 4-8　新疆交旅产业耦合协调度及耦合协调类型划分

项目 \ 年份	2011	2012	2013	2014	2015	2016	2017	2018	2019	2020
交通运输产业综合发展水平	0.1012	0.1472	0.1815	0.1866	0.1673	0.2465	0.2882	0.3249	0.3810	0.2386
旅游产业综合发展水平	0.1580	0.1885	0.1103	0.1020	0.1405	0.1604	0.1560	0.3543	0.3341	0.1943
耦合协调度 D	0.3556	0.4082	0.3761	0.3712	0.3916	0.4459	0.4605	0.5825	0.5973	0.4640
耦合协调等级	轻度失调	濒临失调	轻度失调	轻度失调	轻度失调	濒临失调	濒临失调	勉强协调	勉强协调	濒临失调

由表 4-8 可知，在耦合协调度值方面，2011~2015 年，新疆交旅产业的耦合协调度值整体水平较低，年平均值仅为 0.3806；2016~2020 年，新疆两产业的耦合协调度值整体水平逐渐上升，2019 年达到最高，为 0.5973，2020 年略有下滑；从发展趋势来看，虽然有一定的波动情况出现，但是 2014~2019 年整体保持着持续增长的态势。根据前文中的耦合协调度等级划分标准可知，新疆交旅产业 2011~2020 年的耦合协调等级的划分：2011 年、2013 年、2014 年和 2015 年的耦合协调等级为轻度失调，2012 年、2016 年、2017 年和 2020 年为濒临失调，2018 年和 2019 年勉强协调。整体来看，新疆交旅产业的耦合协调程度"十二五"期间大都处于低等水平耦合协调阶段，"十三五"期间处于中等水平耦合协调阶段，离高水平耦合协调还存在较大的距离，亟须发现二者融合发展中存在的问题，以改变融合程度较低的严峻困境。

4.3.4　新疆交旅产业融合的同步性指数分析与时序变化

根据前文给出的交旅产业的同步性 P 指数的计算公式，可以得出新疆交旅产业融合的同步性指数分布情况，具体如表 4-9 所示。通过该表可以看出，2011~2012 年，新疆旅游产业发展较迅猛，但交通运输产业发展较滞后，两者的同步类型为交通滞后型；从 2013 年开始，新疆交通运输产业发展迅速，但是旅游产业发展有所下降，交通运输产业的发展优于旅游产业的发展，两类产业的同步类型从 2012 年的交通滞后型逐渐发展成 2013 年的旅游滞后型。在进入 2014 年以后，新疆的旅游产业取得逐步发展，但仍较大幅度落后于交通运输产业，连续多年处于旅游滞后型；在 2018 年变为同步发展型，2019~2020 年，两产业发展的同步性又表现为旅游滞后型。在 2011~2020 年的十年里，新疆旅游产业在前期快速发展之后，基本呈现出稳定发展的状态，而交通运输产业在这十年里呈现出快速发展的态势。

表 4-9　2011~2020 年新疆交旅产业融合发展的同步性及类型

年份 项目	2011	2012	2013	2014	2015	2016	2017	2018	2019	2020
同步性指数 P	1.562	1.280	0.608	0.547	0.840	0.651	0.541	1.090	0.877	0.815
同步类型	交通滞后型	交通滞后型	旅游滞后型	旅游滞后型	旅游滞后型	旅游滞后型	旅游滞后型	同步发展型	旅游滞后型	旅游滞后型

4.4　结论分析

通过对新疆交旅产业的耦合度、耦合协调度以及同步性进行分析，具体如表 4-10 所示。通过该表可以看出，2011~2020 年，新疆交旅产业融合发展的协调等级逐渐由轻度失调向勉强协调发展，耦合类型逐渐由低水平耦合协调向中等水平耦合协调发展，两类产业总体呈现出稳定的耦合发展状态。2011~2015 年，新疆交旅产业的耦合协调水平大都处于低级状，2016~2020 年，新疆交旅产业的耦合协调水平处于中等水平状；新疆交旅产业耦合协调水平 D 值呈现不断上升的态势，协调程度越来越高，近五年来两类产业的耦合协调水平有了明显的提升，但是仍然具有较大的进步空间。此外，从同步性指数和类型来看，新疆旅游产业发展较为滞后，还需要大力推进"旅游兴疆"战略。

表 4-10　2011~2020 年新疆交旅产业的耦合度汇总分析

年份	耦合协调度	协调等级	同步性指数	耦合类型
2011	0.3556	轻度失调	1.562	低水平耦合协调 交通滞后型
2012	0.4082	濒临失调	1.280	中等水平耦合协调 交通滞后型
2013	0.3761	轻度失调	0.608	低水平耦合协调 旅游滞后型
2014	0.3712	轻度失调	0.547	低水平耦合协调 旅游滞后型
2015	0.3916	轻度失调	0.840	低水平耦合协调 旅游滞后型
2016	0.4459	濒临失调	0.651	中等水平耦合协调 旅游滞后型
2017	0.4605	濒临失调	0.541	中等水平耦合协调 旅游滞后型
2018	0.5825	勉强协调	1.090	中等水平耦合协调 同步发展型
2019	0.5973	勉强协调	0.877	中等水平耦合协调 旅游滞后型
2020	0.4640	濒临失调	0.815	中等水平耦合协调 旅游滞后型

4.5　本章小结

本章构建了新疆交旅产业融合发展评价指标体系，采集 2011~2020 年新疆交旅产业相关的数据，并采用熵值法与耦合测度模型对新疆交旅产业融合发展水平进行了科学测度；通过测评，得出了新疆交旅产业的耦合协调度、协调等级、同步性指数、耦合类型，并绘制了表4-1至表4-10和图4-1，对新疆交旅产业的融合发展状况进行系统分析和形象展示。并在此基础上，本章梳理了新疆交旅产业融合发展的具体成效，初步识别了新疆交旅产业融合发展的部分问题。此外，关于新疆交旅产业融合发展存在的诸多问题与制约因素，还需要在下一个章节做重点与深入的剖析。

第5章　新疆交旅产业融合发展的 问题与制约因素

在测度新疆交旅产业融合发展水平的基础上，还需要进一步发现新疆交旅产业融合发展存在的主要问题，并深入剖析新疆交旅产业融合发展的制约因素。本章在第4章的基础上，采用问卷调查法、文本资料分析、实地调研和结构化访谈等方法，对新疆交旅产业融合发展存在的诸多问题进行系统归纳、整理与分析，继而从要素配置与支撑体系、市场主体与供给质量、产业结构与融合模式创新、体制机制与政策制度等方面分析具体的制约因素，以方便找出促进新疆交旅产业高质量融合发展的重要突破口和薄弱点。

5.1　新疆交旅产业融合发展状况的问卷调查与 结果分析

为了在测度新疆交旅产业融合发展水平的基础上，进一步了解新疆交旅产业融合发展的详细状况，本章以乌昌石城市群为例，对乌昌石城市群交旅产业融合发展进行了科学的问卷调查，并详细进行了相应的数据分析，以方便找出新疆交旅产业融合发展中存在的一些问题或不足。

5.1.1 问卷方案设计与实施

5.1.1.1 调查目的

第一，了解前往乌昌石城市群游客的基本情况。对全国七大地区的消费者进行调查、了解乌昌石城市群游客的基本信息，包括性别、年龄、职业、受教育程度及月收入等数据，分析乌昌石城市群游客消费者的特征。

第二，对乌昌石城市群游客消费者旅游消费情况与偏好的调查。本调查探究前往乌昌石城市群游客的旅游目的频率、消费支出、了解途径、出行方式、住宿选择、兴趣程度以及需重点改善的地方等相关信息；并调查未去过乌昌石旅游的主要原因，从而对乌昌石城市群游客展开全面的调查。

第三，了解游客对乌昌石城市群交旅产业融合的满意度和不足之处，从而提出有针对性的改善建议，促进乌昌石城市群景区的蓬勃发展，推进乌昌石城市群吸引全国各地更多的游客。

5.1.1.2 调查内容

为全面了解不同游客的相关情况，并考虑不同被访者在旅游习惯、需求偏好以及满意度（重要性）等方面的差异，本调查问卷（见附录）设置了部分逻辑跳转题目，以更好地分析实际游客和潜在游客的满意度。根据以上调查内容，本调查问卷主要涵盖三个方面的内容：一是被调查者的基本信息情况，包括年龄、性别、职业、受教育程度、月收入、所在地区等信息；二是乌昌石城市群游客旅游消费情况与偏好的调查等进行调查，主要基于乌昌石城市群旅游的人文风情，对乌昌石城市群旅游消费者的了解途径、兴趣目的、出行频率、出行方式、住宿方式、需求偏好等展开系统的调查；三是通过前往乌昌石的游客对于景区交通以及配套服务设施的满意度，最终根据各个题项结果的描述性统计，辅以二手数据进行分析，最终为乌昌石城市群交旅产业有机融合与共同发展的现状提取不足并提出建议。

5.1.1.3　调查对象与调查方法

本调查通过分层抽样和简单随机抽样相结合的方法，采用实地问卷调查、网络问卷调查、面谈访问等多种方式对乌昌石城市群文旅资源的现实消费者和潜在消费者展开调查。

5.1.1.4　抽样框设计

对于有限总体，最小样本量计算公式如下：

$$n = \frac{Z_{\partial/2}^2 \sigma^2}{\Delta^2} \tag{5-1}$$

其中，n 表示所需样本量，Z 表示置信水平下的 Z 统计量（95% 置信水平的 Z 统计量为 1.96），σ 表示总体的标准差（通常设定为 5%），要求允许的误差 Δ = 3.5%。因此，在本次调查中，所抽取样本总数的最低标准为：

$$n \geqslant \frac{1.96^2 \times 0.25}{0.035^2} = 784 \tag{5-2}$$

本调查采用随机抽样的方法，考虑问卷调研需普及各地区，结合各地区人口统计数据，最终确定各地区最少的问卷数，分配情况如表 5-1 所示。

表 5-1　各地区 2021 年人口数及问卷分配数　　　单位:%，份

地区	人口占比	应分配最少问卷数
华北地区（北京、天津、河北、山西、内蒙古）	11.96	94
华东地区（上海、江苏、浙江、山东、安徽）	23.94	188
东北地区（辽宁、吉林、黑龙江）	6.89	55
华中地区（湖北、湖南、河南、江西）	19.01	150
华南地区（广东、广西、海南、福建）	16.23	128
西南地区（四川、重庆、贵州、云南、西藏）	14.51	114
西北地区（陕西、甘肃、新疆、青海、宁夏）	7.33	55

5.1.1.5　调查问卷的发放与回收

本次调查主要通过发放电子问卷和纸质版问卷的方式进行。一方面，

利用问卷星以及问卷星制作网络问卷，并通过 QQ、微信、微博、抖音、小红书平台分享二维码与链接的方式进行问卷发放；共发放电子问卷 600 份，有效问卷为 480 份；另一方面，本次调查也采用纸质版调研问卷形式，选择学校、文旅景区、高速公路服务区等地点进行随机抽样调研，共发放纸质版问卷 200 份，有效问卷为 185 份；本次调查共发放问卷 800 份，回收有效问卷 665 份，问卷有效率达 83.13%。

5.1.1.6　调查数据的质量分析

为了保证数据的可靠性，本书对调查数据进行了相应的质量分析。首先是信度检验，通过信度分析，得出问卷的 Cronbach's α 系数为 0.826，表示本次调查收集数据信度质量高，变量间内在相关性大，可靠性强，即问卷结构与题项设计的科学性及合理性，具体如表 5-2 所示。其次是效度检验，本次调查问卷整体 KMO 值为 0.976，P 值 = 0.000，说明数据具有较好的结构效度，Bartlett's 球形检验具有显著性，该量表所收集的数据具有较高效度，可做进一步分析。

表 5-2　正式调查的信度检验

样本量	项目数	Cronbach's α 系数
665	22	0.826

5.1.2　调查结果的分析

5.1.2.1　样本的个人基本情况分析

调查样本的基本信息如表 5-3 所示。

表 5-3　调查样本的基本信息　　　　　　　　单位：%

变量	选项	频率	占比
性别	男	348	52.33
	女	317	47.67

变量	选项	频率	占比
年龄	18 岁以下	19	2.86
	18~25 岁	70	10.53
	26~35 岁	251	37.74
	36~45 岁	169	25.41
	46~60 岁	113	16.99
	60 岁以上	43	6.47
职业	全日制学生	81	12.18
	企业单位人员	170	25.56
	政府公务员	36	5.41
	事业单位人员	67	10.08
	自由职业者	109	16.39
	其他	202	30.38
受教育程度	高中及以下	310	46.62
	大专	140	21.05
	本科	164	24.66
	硕士及以上	51	7.67
月收入	3000 元以下	235	35.34
	3001~5000 元	104	15.64
	5001~8000 元	43	6.47
	8001~10000 元	142	21.35
	10000 元以上	141	21.20
所在地区	华北地区	144	21.65
	华东地区	47	7.07
	东北地区	137	20.60
	华中地区	32	4.81
	华南地区	65	9.77
	西南地区	150	22.56
	西北地区	90	13.53

（1）在性别方面。

在本调查回收的 665 份有效问卷中，男性受访者有 348 人，占总样本的 52.33%；女性受访者有 317 人，占总样本的 47.67%，受访游客中男性人数和女性人数差异不大，符合乌昌石城市群游客的基本性别特征。

（2）在年龄方面。

在本调查所收集到的样本中，18 岁以下的受访者有 19 人，仅占总样本的 2.86%；18～25 岁的受访者有 70 人，占总样本的 10.53%；26～35 岁的受访者有 251 人，占总样本的 37.74%；36～45 岁的受访者 169 人，占总样本的 25.41%；46～60 岁的受访者有 113 人，占总样本的 16.99%；60 岁以上的受访者有 43 人，占总样本的 6.47%。总的来看，青年受访者较多，符合当下游客多为年轻学生群体以及带孩子出游的中青年群体的实际，且本书不限制研究对象的年龄，因而认为该样本具有代表性。

（3）在职业方面。

在本调查所收集到的样本中，全日制学生共有 81 人，占总样本的 12.18%；企业单位人员共计 170 人，占总样本的 25.56%；事业单位人员有 67 人，占总样本的 10.08%；政府公务员有 36 人，占总样本的 5.41%；自由职业者有 109 人，占总样本的 16.39%；其他职业的受访者 202 人，占总样本的 30.38%。受访者中大部分工作稳定，符合本书对调查对象的相关要求。

（4）在受教育程度方面。

在本调查所收集到的样本中，大专学历有 140 人，占总样本的 21.05%；本科学历有 164 人，占总样本的 24.66%；硕士及以上学历有 51 人，占总样本的 7.67%；高中及以下学历占比较大，共有 310 人，占总样本的 46.62%。受访者的受教育程度基本符合乌昌石城市群的游客特征，能够满足研究的需要。

（5）在月收入方面。

在本调查所收集到的样本中，235 位受访者月收入水平小于 3000 元，占总样本的 35.34%；104 位受访者月收入水平处于 3001~5000 元，占总样本的 15.64%；43 位受访者月收入水平处于 5001~8000 元，占总样本的 6.47%；142 位受访者月收入水平处于 8001~10000 元和在 10000 元以上，占总样本的 21.20%。受访者月收入水平稳定，符合本书对研究对象的要求。

（6）在所在地区方面。

从所在地区分布来看，来自华北地区和西南地区受访者较多，占比均为总样本的 22% 左右，东北地区的受访者在其次，占总样本的 20.60%；然后是西北地区，占总样本的 13.53%；来自华南地区、华中地区、华东地区的受访者相对较少。

5.1.2.2　交旅消费情况与偏好调查结果分析

（1）乌昌石城市群旅游中印象最好城市分析。

如图 5-1 所示，在前往乌昌石城市群的游客中，认为乌鲁木齐市、五家渠市、昌吉市是旅游中印象最好的城市的人数较多，分别有 179 人、141 人、140 人，说明这三个城市拥有独特的魅力吸引着游客，给游客留下更深的印象。石河子市、沙湾市等城市也具有其亮点与优势，同样给游客们留下了不同层次的印象和感受。

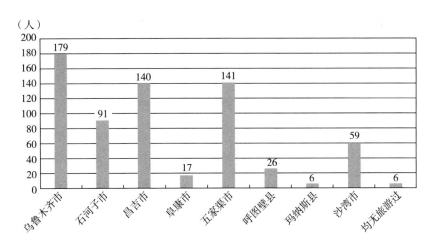

图 5-1　旅游过程中印象最好的城市

（2）出游前是否考虑交通因素分析。

如图 5-2 所示，在前往乌昌石城市群前会考虑交通因素的人占 59%，不会考虑交通因素的人占 41%，说明交通是旅行中较为重要的一环，是游客出行前考虑的影响因素之一，影响游客的出行体验和时间安排。

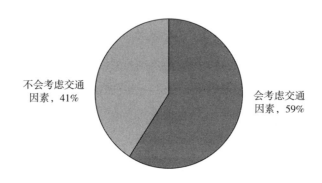

图 5-2　前往旅游前是否考虑交通因素

（3）对前往乌昌石城市群景区选择的交通方式分析。

如图 5-3 所示，游客更倾向于乘坐高铁和火车前往乌昌石城市群景区（占比为 53.77%），其次是其他交通方式。选择乘坐飞机、网约车、公交车及步行的游客相对较少，骑行共享单车的游客几乎没有。由此说明游客认为高铁及火车这种交通方式在乌昌石城市群中相对较为便利，也说明了飞机、公交车、网约车等交通方式对前往乌昌石城市群景的线路比较匮乏和不便。

（4）对去游玩是否考虑景点专线分析。

如图 5-4 所示，游客在去游玩时更倾向于考虑景点专线，不考虑选择景点专线的旅客仅占总数的 9.91%。出现这种现象的原因是大部分旅客认为景点专线的出现更方便，也更节约时间，因此可以通过增加不同的景点专线，减少游客游玩的时间及精力的花费，以此增加游客在游玩过程中体验感和调动游客的积极性。

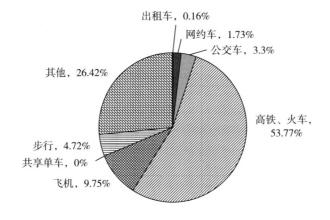

图 5-3　景区交通方式选择

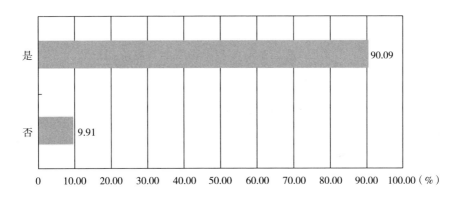

图 5-4　游客是否考虑景区专线

（5）对影响旅游计划的交通因素分析。

如图 5-5 所示，游客在进行旅游计划时，交通特色和景观特色对游客的影响最大，交通的便利性对游客的旅游计划也有一定的影响，由此说明游客在进行旅游计划时，比较注重交通是否便利和景观是否特色两个方面。交通花费时间和交通花费金钱对游客旅游计划的影响也有一定占比，仅次于交通的便利性和旅游景观。出现这种现象的原因可能是交通的便利性和景观特色对游客的游玩体验影响的程度更大。

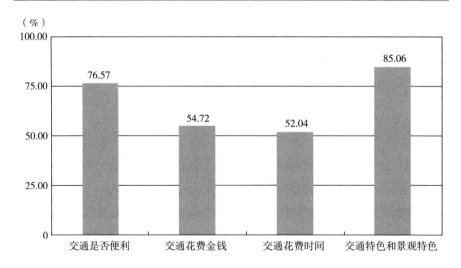

图 5-5　交通对旅游计划影响的主要因素

（6）对乌昌石城市群旅游景点选择影响因素的分析。

如图 5-6 所示，大多数游客认为优美的自然景观和独特的风味美食较为重要，游客占比分别为 79.72% 和 78.46%，因此我们可以通过提高自然环境和周边美食的质量，来吸引大量的游客；旅游价格和旅游知名度的重要性占比也较大，所以我们可以致力于规范景区的旅游价格，在景区的推广宣传方面，加大投资推广的力度；然后就是对于互动体验性、适宜的出行距离以及地方特色的民俗文化这几方面，逐一进行分析、改进和提高，与此同时也需要加强景区多样化的体验服务、完善游憩的设施。

（7）交通消费在旅游整体消费中的占比偏好分析。

如图 5-7 所示，认为在乌昌石城市群的全部旅游消费中交通消费占比适中（10%~20%）的游客最多，占比为 40.41%；其次是认为交通消费占比较小（10% 以下）的游客，占比为 34.91%，因此可以说明大部分游客觉得交通消费在全部旅游消费中的占比不高，在可接受范围之内。另外还有 24.69% 的游客认为交通消费在全部旅游消费中的消费占比高，出现这种现象的原因极有可能是一部分游客距离乌昌石城市群较远，因此在交通上的消费较高。

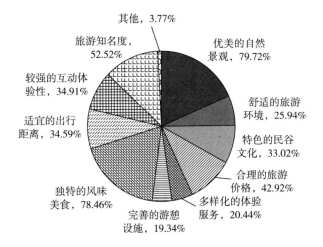

图 5-6　对景点选择影响因素的分析（交通条件除外）

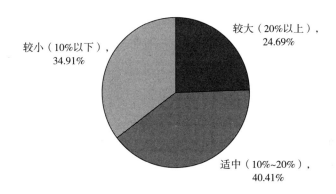

图 5-7　交通消费在旅游整体消费中的占比偏好

　　（8）对旅游产业和交通运输产业之间关系认识的分析。

　　如图 5-8 所示，从所收集的问卷结果可以看出，有 49.84% 的游客认为是交通便利带动了旅游业发展，几乎占总人数的一半，其次有 29.25% 的游客认为其他因素影响旅游业和交通业的关系，还有 20.91% 的游客认为是景点火热带动了交通业的发展。出现这种现象可能是因为交通便利在旅游过程中带给游客的体验感较好，因此认为交通便利可以带动旅游业的发展。

（％）

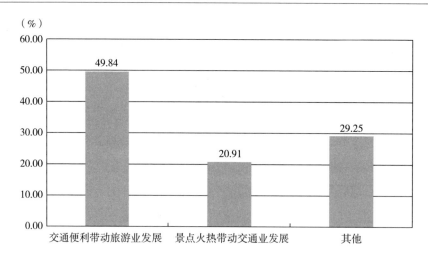

图 5-8　游客对旅游产业与交通运输产业互动关系的认识

5.1.2.3　乌昌石城市群交旅产业融合游客满意度调查结果分析

（1）对乌昌石城市群旅游交通路线、车站设计的满意度分析。

如图 5-9 所示，认为乌昌石城市群的旅游交通路线、车站设计一般的游客占比最大，达 42.30%，因此乌昌石地区的政府及相关经营主体可以致力于提高这部分游客的满意度，其次是满意和非常满意也有较大占比，说明有近一半的游客对乌昌石城市群的旅游交通路线、车站设计比较满意，而不满意和非常不满意的游客占比较少，仅有 3.93%。

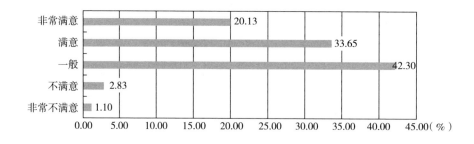

图 5-9　游客对乌昌石城市群旅游交通路线、车站设计的满意度情况

（2）对乌昌石城市群静态交通（如停车场等）的满意度分析。

如图 5-10 所示，可以直观地看出对乌昌石城市群的静态交通（如停车场、公交站等）非常满意和满意的游客占比约为 3/4，其中非常满意占比最大达 44.18%，满意的游客占比为 29.25%，而非常不满意则占比较少为 3.30%，由此说明游客对乌昌石城市群的静态交通（如停车场等）的满意度总体来说是较高的，但仍有一定的提升空间。

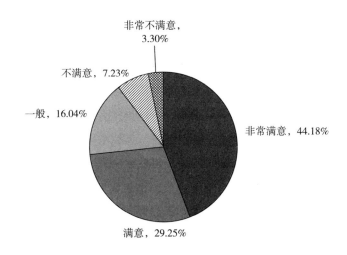

非常不满意，3.30%
不满意，7.23%
一般，16.04%
非常满意，44.18%
满意，29.25%

图 5-10　乌昌石城市群的静态交通（如停车场等）的满意度情况

（3）对乌昌石城市群旅游交通管理水平的满意度分析。

如图 5-11 所示，对乌昌石城市群的旅游交通管理水平非常满意的游客占比为 5.97%，满意的游客占比近一半，为 49.21%，这两部分占了总调查游客数的 55.18%，说明游客对于乌昌石城市群的旅游交通管理水平的满意度较高。其次满意度一般的游客占比为 40.57%，此群体人数占比也非常大，说明乌昌石城市群的旅游交通管理水平中仍有一些需要改进的地方。

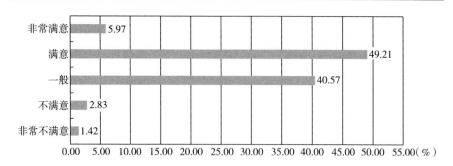

图 5-11　乌昌石城市群旅游交通管理水平的满意度情况

（4）对乌昌石城市群旅游交通安全水平的满意度分析。

如图 5-12 所示，对乌昌石城市群的旅游交通安全水平满意和非常满意的游客占总人数的大部分，占比为 89.46%，认为一般、不满意和非常不满意的占比为 10.54%，总体来看，游客对于乌昌石城市群的旅游交通安全水平的满意度较高，同时也说明了乌昌石城市群的旅游交通安全水平较高，但是仍有进一步提高的空间。

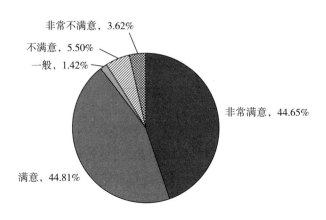

图 5-12　乌昌石城市群的旅游交通安全水平满意度

（5）对乌昌石城市群中旅游交通工具乘坐的满意度分析。

如图 5-13 所示，有 34.59% 的游客对出租车、网约车的满意度较差，

可能是因为其服务水平、沟通能力或时间耽误的影响，有 31.29% 的游客
认为高铁、火车的乘坐满意度较差，由此说明新疆的高铁、火车还有待改
进，其次有 30.03% 的游客认为公交车的乘坐满意度较差，而对飞机或者
其他交通工具满意度较差的占比为 4.09%。

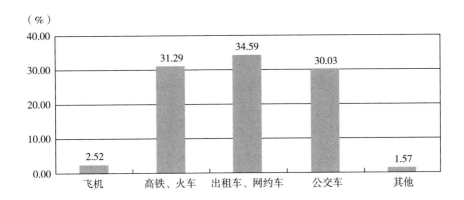

（%）

图 5-13　乌昌石城市群旅游交通工具乘坐的满意度情况

（6）对乌昌石城市群旅游交通发展现状的满意度分析。

如图 5-14 所示，有 84.12% 的游客对于乘车更安全这一项较满意，
有 80.97% 的游客对于乘车环境更舒适较满意，有 79.25% 的游客对于乘
车费用支付更便捷满意度较高，这些说明在乌昌石城市群旅游交通的乘车
安全、乘车环境和支付方式等方面做得较好，虽然对等待时间满意的游客
占比为 44.81%，但还说明乌昌石旅游城市群管理协调水平有待提高，以
及运行速度后期也需要加强。

（7）对乌昌石城市群景区交通的满意度分析。

如图 5-15 所示，对乌昌石城市群景区交通非常满意的游客占比为
27.20%，认为满意的游客占比为 31.29%，认为满意与非常满意的游客超
过了总调查人数的一半，说明大部分游客对乌昌石城市群景区交通较为满
意，其次认为一般的游客占比为 35.22%，占比也较大，因此乌昌石城市
群可以致力于对这部分游客的满意度提高，不满意与非常不满意的游客占

比为 6. 29%，还需要探索其原因进行进一步改进。

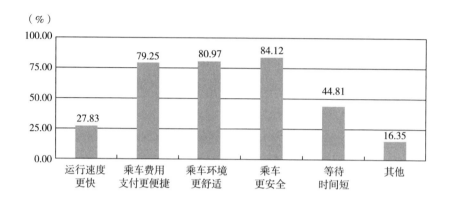

图 5-14　对乌昌石城市群旅游交通发展现状的满意度情况

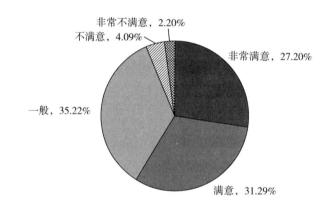

图 5-15　乌昌石城市群景区交通的满意度情况

（8）向朋友或同事推荐乌昌石城市群旅游的可能性分析。

如图 5-16 所示，认为因为交通满意从而向朋友或同事推荐乌昌石城市群旅游的非常有可能和比较有可能的游客占总调查人数的 76.57%，说明大部分的游客会因为对交通满意而推荐乌昌石城市群旅游；有 23.43% 的游客认为一般，但在调查对象中没有人认为不会推荐去乌昌石城市群旅游，由此可以说明推荐去乌昌石城市群旅游在调查对象中无人反对，情况较好，具有发展空间。

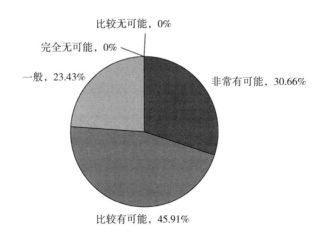

图 5-16　向朋友或同事推荐乌昌石城市群旅游的可能性情况

5.1.2.4　乌昌石城市群交旅产业融合不足之处的调查结果分析

（1）增加活动内容是乌昌石城市群旅游发展最需要改进的方面。

如图 5-17 所示，增加活动内容占比为 21%，其次是增强宣传力度占比为 17% 和服务更加规范化占比为 15%。从结果可以看出，增加活动内容是乌昌石城市群旅游的发展最需要改进的方面，由于乌昌石城市群各旅游景点之间相隔较远，且各个地方的宣传力度不足，导致各旅游点之间的联系不够紧密，创新不足导致同质化内容较多、活动内容不足，再加上各旅游点以自然风景为主，大而散、缺乏规范化，这也是导致活动内容不足的主要原因。

（2）加强各交通部门协作是交通条件最急需改善的问题。

如图 5-18 所示，加强各交通部门的协作占比为 23%，其次是各景区线路规划和提高运输速度均占比为 19%。从图中可以看出，加强各交通部门的协作是目前旅游交通条件整体最急需改善的问题。乌昌石城市群之间相隔较远，因而联系不紧密是导致各交通部门协助不强的原因之一，各景区线路规划不完善也是无法协助流畅的基本原因。

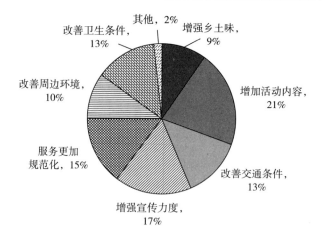

图 5-17 乌昌石城市群旅游发展最需要的改进地方

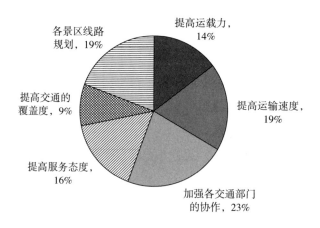

图 5-18 交通整体中最需要改进的部分

（3）抵达景区的交通不方便。

如图 5-19 所示，通景公路直达性不足占比为 30.97%，其次是通景公路道路等级不高占比为 26.89%。从结果可以看出，抵达景区的交通不方便，这是由于各景区之间的距离较远，且景区等级较低，从而导致通景公路直达性不足和通景公路道路等级不高。

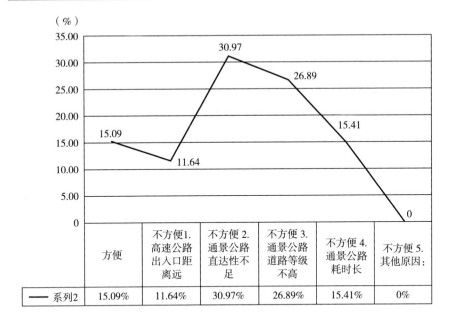

图 5-19　抵达景区的交通便捷情况

（4）景区内部交通沿线景观单调，内部公交使用不便是最大不足。

如图 5-20 所示，沿线景观单调占比为 14%，其次是内部公交使用不便。从调查和分析的结果来看，景区内部缺乏规范化管理是导致一系列问题的根本原因。这种缺乏规范化的管理体现在多个方面，包括对游客服务设施的布局、内部交通系统的规划以及沿线景观的打造等。由于缺少系统性和前瞻性的规划与管理，导致了沿线景观单调、内部公交使用不便等问题，进一步影响了游客的旅游体验和景区的整体吸引力。

（5）景区与景区之间的交通存在可选择交通工具较少的问题。

如图 5-21 所示，可选择交通工具较少占比为 76.57%，其次是公交使用不便占比为 45.28% 和缺乏快速直达道路占比为 36.48%。从结果可以看出，景区与景区之间的交通存在可选择交通工具较少的问题，这是由于地方经济较为落后，对更高一等级的交通工具的需求量较少，因此导致交通工具较少、交通工具单一和交通使用不便的问题。

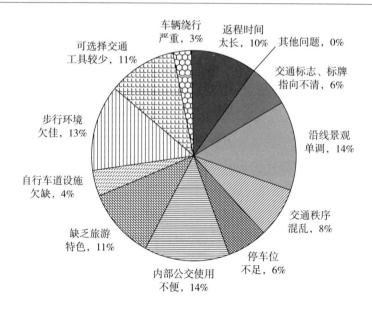

图5-20 游客认为景区内部交通存在不足的情况

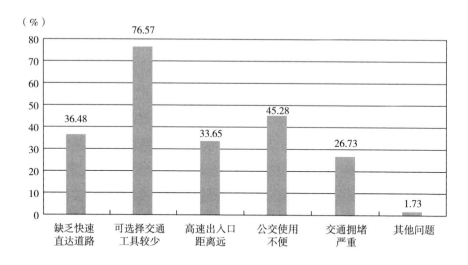

图5-21 游客认为景区之间交通存在不足的情况

5.2　新疆交旅产业融合发展中存在的主要问题

5.2.1　顶层设计与全域统筹规划相对落后，部门协调机制待优化

新疆维吾尔自治区人民政府重视交旅产业的融合发展，相继出台了《新疆公路交通运输与旅游融合发展三年行动计划（2018－2020 年）》《新疆维吾尔自治区"十四五"交通运输发展规划》《关于促进交通运输与旅游产业融合发展的指导意见》等政策文件；这些政策文件的出台为新疆交旅产业融合发展提供了初步的制度保障，但与浙江、陕西等交旅产业融合程度较高的省份相比，自治区的政策文件相对来说还不够系统，在发展规划中兼顾交旅产业融合的指导方针还不够明确；由新疆维吾尔自治区交通运输厅、新疆维吾尔自治区文化和旅游厅联合编制的"十四五"交旅产业融合发展规划也尚未出台；地州市层面的交旅产业融合发展规划与行动方案更是匮乏。由于政策文件的不完善、行动方案的不明晰，导致新疆交旅产业融合项目建设和开发标准不明确、缺乏规范指引，综合性的交旅体系建设有待进一步完善。这些都表明在交旅产业融合发展方面，自治区政府亟须加强顶层设计，新疆维吾尔自治区交通运输厅、新疆维吾尔自治区文化和旅游厅之间的协调机制也需要不断完善。

5.2.2　交旅的空间耦合程度不高，区域联动效应不显著

根据 2021 年《新疆统计年鉴》公布的各地州市旅游总收入情况，伊犁州直属、乌鲁木齐市、昌吉回族自治州、阿勒泰地区、喀什地区、巴音郭楞蒙古自治州、阿克苏地区、吐鲁番市排前 8 名；总体来看，旅游发展水平较高的城市在南北疆均有分布。但就交通条件和等级公路密度来讲，北疆的交通运输相对便利，南疆的交通运输较为困难。结合以上分析，可

以初步得出结论，北疆面临着如何将便利的交通条件与旅游经济发展进行有效整合的问题，南疆面临如何改善交通运输条件的瓶颈问题，以更好地促进南疆特色旅游资源的开发。总而言之，新疆交旅产业的空间耦合程度不高，受到了交旅产业融合区域不均衡问题的影响。此外，与浙江、陕西等交旅产业融合水平较高的省份相比，新疆各地州市之间缺乏相应的协调与共享机制，在共建旅游圈、共创旅游精品路线等方面还没有形成合力，基于地缘关系的联动效应还不够显著，具备新疆特色的交旅产业圈、产业集群还不成规模。

5.2.3 交旅服务品质较差，交通通达性与舒适性待提升

首先，新疆地域广阔，丝路文化、军垦文化等特色文化旅游资源禀赋较高。新疆旅游公路建设主要依附沿线的自然景观，对公路沿线的人文景观重视不够，对军垦文化等特色文化元素的挖掘与融入较缺乏，降低了游客的整体感知体验。其次，新疆的热门景区多位于城市郊区或偏远区域，这些区域的交通基础设施建设较为薄弱、交通运输服务能力较为不足，这严重影响了游客出游的满意度与舒适度。此外，在"五一"、暑假、国庆等黄金旅游时期，新疆星级景区的道路拥堵、游客滞留等问题较为突出，如 2022 年 7 月独库公路成"堵哭公路"，就是这一问题的集中体现，这表明新疆交旅亟须在通达性和舒适性方面进一步优化。

5.2.4 交旅基础设施建设薄弱，配套服务体系待完善

根据新疆交旅产业融合的水平测度结果，新疆交旅产业融合水平在"十三五"时期处于中等水平耦合协调阶段，离高水平耦合协调阶段还存在较大的差距；而交旅基础设施薄弱、配套服务体系不健全是造成新疆交旅产业融合程度较低的主要瓶颈因素。具体表现在以下几个方面：首先，新疆大部分地州市对交旅产业融合发展的一体化规划尚未启动联合编制，"全域统筹、主线串联、支线循环、连接线成网"的交旅公路网尚未形成体系，还不能适应新疆全域旅游发展的迫切需要；其次，新疆旅游公路沿

线在休憩驿站、观景平台、慢行步道等旅游配套服务设施方面建设相对薄弱，无法有效满足游客高品质、多样化、个性化的服务需求；最后，新疆在旅游集散中心、房车营地、自驾车聚集地等新型旅游服务设施方面更多处于探索阶段，还没有形成规模和体系，也是严重制约新疆交旅产业融合进程的瓶颈因素。

5.2.5　交旅类企业规模较小，辐射效应与创新能力偏弱

依托现有的资源优势，凭借行政力量的推动，并结合市场经济的手段，乌鲁木齐交旅投资（集团）有限公司、新疆旅游投资管理有限公司、新疆维吾尔自治区旅游汽车公司、新疆旅游出租汽车（集团）有限责任公司等大型交旅类企业相继成立；截至 2022 年 12 月底，在交旅领域，新疆道路旅客运输企业达 388 家，旅行社数量达 836 家，星级宾馆数量达 368 家。整体来看，新疆交旅类企业规模都较小，呈现一种"散、乱、小"的发展态势，不能有效形成企业与企业之间的联动。同时，由于自治区政府对交旅产业市场主体建设重视不足，导致核心企业、龙头企业和骨干企业数量相对较少，市场主体地位不突出，市场经营活力有限，辐射与示范带动作用不强，难以形成较强的产业集群优势。此外，与国内交旅发达的省份相比，新疆交旅企业的资产规模与营收能力都相对偏小，导致创新资源的投入较少，对交旅产品的创新力度与幅度均处于较低的阶段，严重制约着新疆交旅产业的高质量发展。

5.2.6　交旅产业融合发展模式较单一，精品交旅产品供给较少

近年来，新疆在促进交旅产业融合发展方面，主要集中在"路旅融合"方面推进，如建成那巴公路、独库高速公路、S21（阿勒泰—乌鲁木齐高速公路）等，在"快进慢游"方面取得了一定的成效。但与国内先进的交旅产业融合项目相比，新疆交旅产业融合项目数量相对较少，融合发展模式也比较单一；新疆的交旅产业融合发展模式主要以"观光旅游、拍照打卡、风光摄影"等为主，缺乏具有创新性和记忆点的运营模式，

并且在慢游方面的"吃穿住行娱"建设较为滞后，无法给游客较高的体验感。此外，新疆的交旅产品缺乏特色文化、民族风情、军垦文化、西域文化等特色文化资源的融入，交旅产品普遍缺乏质感，仅在当地具有一定的知名度，但是缺乏像"浙皖闽赣95联盟大道"、天空之桥服务区等全国闻名的交旅产业融合产品。目前来看，如何充分挖掘新疆丰富的交旅资源，打造极具特色和创新性的交旅产品，不断提升交旅产品供给质量与数量，成为新疆交旅产业融合发展迫切需要解决的问题。

5.2.7 高端复合创新型人才匮乏，引人留人机制待优化

在交旅产业的融合发展进程中，对交旅产业融合发展专业化人才有较高的要求，一方面需要人才熟悉交旅产业融合发展的相关规律，另一方面需要人才会经营管理、懂创新；总的来说，交旅产业融合发展需要高素质的复合创新型人才的运作与管理。统计数据显示，2021年新疆交通运输、仓储和邮政业从业人员达8.23万人，住宿和餐饮业从业人员达3.26万人；但这些人员只具备初级的专业技能，大部分受教育程度低，主动参与交旅产业融合发展的意愿不强。此外，新疆地处中国西北部，其引人理念不够先进、留人机制不完善，导致交旅产业融合项目或工程的规划设计、经营管理、营销管理、市场创新等专业化的复合创新型人才较匮乏。高水平交旅产业融合专业化人才的匮乏，造成新疆交旅产品供给数量不充足、供需错配现象严重、市场开拓能力偏弱、交旅精品项目较少、交旅产业不强，已经对新疆交旅产业的融合发展带来较严重的影响；这方面需要新疆在高水平交旅产业复合式人才"引进与培养"上下大功夫，以解决相应的人才瓶颈问题。

5.2.8 交旅产业融合资金缺口较大，多元融资体系不健全

整体来看，新疆社会经济发展水平较低，远远落后于内地发达省份，导致对新疆交旅产业融合发展的资金支持力度较小，造成新疆交旅产业不断陷入"资金缺口较大"的困境。从固定资产投资方面分析，2017年新疆

交通运输产业固定资产投资为 1978.50 亿元，2018 年为 848.78 亿元（降幅 57.1%），2019 年为 805.49 亿元（降幅 5.1%），2020 年为 978.67 亿元（升幅 21.5%）；由此可见，新疆交通运输产业固定资产投资并不稳定，出现了较大的起伏波动，这给本就脆弱的交旅产业资金链带来更多的不确定因素。从新疆交旅产业融合发展的资金来源分析，一方面，新疆交旅产业中的投资主体相对单一，以国有资本为主，占比达 80% 左右，民营资本占比较少，这不利于新疆交旅资源的高效综合利用和开发；另一方面，新疆交旅产业融合发展在吸纳社会资本、民营资本、外企资本和个体资本等方面面临着投融资机制不顺畅的问题，具体而言，多元化的投融资体系还不够健全，导致诸多非国有资本受到较多的限制或行政干预，造成新疆很多交旅产业融合项目推进缓慢、资金链断裂的风险较大，进一步延缓了新疆交旅产业的高质量融合发展进程。

5.2.9　交旅产业信息共享能力较差，数字化智慧交旅平台待完善

交旅产业的融合发展，涉及较多的经营主体或组织机构，如政府、企业、协会、社会公众等；由于涉及的群体较多，易造成交旅方面的很多信息不能及时共享或缺乏足够安全的共享平台。在交旅产业融合发展方面，新疆陆续推出"一部手机游新疆"平台（以下简称游新疆）、新疆智慧旅游管理平台、新疆景区预约系统、新疆交通公众出行服务系统等平台或小程序，这些平台的出现初步为游客解决了路况信息、公路气象、智慧出行等方面的问题；但这些平台的信息还不够全面，很多旅游景区、旅游与餐饮机构并没有融入相应的平台，并且平台之间交叉重叠的部分较多，亟须自治区政府推出统一的数字化智慧交旅平台，以促进交旅信息的共享共建。此外，新疆旅游公路沿线的现有配套服务设施建设较为滞后，仅能提供一些基本的路况信息，在"互联网+"和大数据应用方面表现较差，不能有效将交旅信息进行互联互通，也亟须推进"交通+旅游"大数据信息平台的共建共享。

5.2.10 市场运作能力较差，交旅产品品牌影响力较弱

要推动交旅产业的高质量融合发展，就必须注重市场营销的运作，这是现代市场经济发展的内在规律，也是优化资源配置效率、提升产品的品牌效应与提高市场占有率的主要途径。目前，新疆对交旅产业融合项目或产品的宣传主要借助两种方式：传统媒介和互联网媒体。在传统媒介方面，新疆主要依托电视、广播、报纸、杂志、区域内广告牌等进行宣传，这类宣传方式受众范围相对有限、传播力度不足，对新疆交旅产品品牌知名度的提升帮助较小。在互联网媒体方面，新疆主要通过各地州市的融媒体中心进行新媒体营销活动，具体包括各地州市的抖音账号、微信公众号、新浪微博等；但在粉丝数量与宣传作品质量方面，与国内其他省份还存在较大的差距，不能很好地借助图文、直播、短视频等方式将"大美新疆""新疆绝美自驾公路"等展现给游客，导致新疆交旅产品的品牌影响力较弱，在全国的知名度和美誉度都有很大的提升空间。此外，新疆交旅产业的营销团队专业能力较薄弱，对交旅产品的营销规划与实施都与国内先进省份存在较大差距。

5.3 新疆交旅产业融合发展的制约因素

5.3.1 要素制约：要素配置效率较低下，融合支撑体系不健全

"产业转型、要素创新、制度改革"是交旅产业融合发展的基本思路，"要素供给的提升"是交旅产业融合发展的核心，创新要素供给是推动交旅产业高质量融合发展的重要"引擎"。在高质量发展背景下，新疆交旅产业融合发展更需要创新要素供给，为新疆交旅产业的大繁荣大融合提供充分的要素支撑和强有力的动力引擎。仔细剖析新疆交旅产业融合发

展中存在的诸多问题，可以发现，"高端复合创新型人才匮乏，引人留人机制待优化""交旅产业融合资金缺口较大，多元融资体系不健全""交旅类企业创新能力偏弱" 等问题产生的根源：新疆交旅产业融合发展的资源配置效率低下，融合支撑体系不健全。资源配置效率的低下，导致新疆交旅产业融合发展的人才队伍建设较薄弱、资金投入不稳定、投融资渠道不顺畅、创新投入严重不足，不能为新疆交旅产业融合发展提供充足的人才、资金、技术支撑，继而影响了新疆交旅产业的总体供给规模、交旅类企业的自主创新能力与交旅产品的研发能力。总体来说，交旅产业供给要素水平低下和配置缺乏效率严重制约了新疆交旅产业的高质量融合发展，亟须创新要素供给和完善支撑体系。

5.3.2　市场主体建设制约：市场主体地位不突出，供给质量较差

交旅类企业是交旅产业融合发展的核心经营组织，其主体作用的有效发挥是推动交旅产业融合发展的关键；推进交旅产业融合发展，首先就要增强供给能力，提高交旅产品的供给质量。在高质量发展背景下，推动新疆交旅产业的融合发展需要注重市场主体的建设和培育，也需要不断提供交旅产品的供给质量。围绕"交旅类企业规模较小，辐射效应与创新能力偏弱""精品交旅产品供给较少""市场运作能力较差，交旅产品品牌影响力较弱" 等问题进行深入剖析，可以发现，市场主体地位不突出、交旅产品供给质量较差是这些问题产生的根源。由于新疆交旅产业的市场主体建设不受重视，导致头部企业、核心企业、链主企业和骨干企业数量相对较少，受政府行政手段的干预大，市场主体地位不突出，市场运作能力较差，示范作用不能充分体现，辐射带动效应偏弱，难以形成较强的产业集群优势；也进一步导致新疆交旅产品特色不明显和品牌效应较小，交旅产品品质参差不齐、同质化现象严重，产品供给结构待完善，影响了新疆交旅产品的供给质量。总体来说，市场主体地位不突出与交旅产品供给质量较差严重制约着新疆交旅产业的高质量融合发展，亟须加强市场主体的培育和提升交旅产品的供给质量。

5.3.3　产业结构与融合模式制约：结构协调性差，融合模式滞后

优化产业结构布局、推动产业转型升级、创新融合发展模式是推动交旅产业融合发展的重要抓手。在高质量发展背景下，新疆交旅产业的融合发展也需要注重产业结构的合理布局与交旅产业的转型升级，更需要注重交旅产业融合发展模式的创新与完善。围绕"交旅产业的空间耦合程度不高，区域联动效应不显著""交旅服务品质较差，交通通达性与舒适性待提升""交旅基础设施建设薄弱，配套服务体系待完善""数字化智慧交旅平台待完善""交旅产业融合发展模式较单一"等问题进行深入剖析，可以发现，新疆交旅产业融合发展中的结构协调性差、融合模式滞后是导致这些问题的主要根源。具体来讲，新疆交旅产业融合发展的区域不平衡、融合协调性程度低、交旅产业基础差、融合发展模式与国内先进省份存在较大差距等，是这一制约因素的主要反映。总体来看，产业结构协调性差、融合发展模式滞后严重制约着新疆交旅产业的融合发展进程，亟须优化交旅产业结构布局、推动交旅产业转型升级、创新交旅产业融合模式，继而促进交旅产业之间的融合和联动。

5.3.4　体制与制度制约：体制机制不健全，融合政策体系不完善

交旅产业的融合发展，应遵循"调结构、强主体、保要素、优制度"的方针，完善体制机制是推动交旅产业融合发展的重要保障。在高质量发展背景下，新疆交旅产业的融合发展也需要做好体制机制的文章，并完善制度和产业政策的顶层设计和逐级部署。通过对"顶层设计与全域统筹规划相对落后，部门协调机制待优化""多元融资体系不健全""高端复合创新型人才匮乏，引人留人机制待优化""市场运作能力较差，交旅产品品牌影响力较弱"等问题进行深入剖析，可以发现，新疆交旅产业融合发展的体制机制不健全、融合政策体系不完善是这些问题产生的主要根源。由于新疆人才培养、挖掘、引进机制不健全，导致新疆交旅产业融合发展人才引进较为困难、人才流失现象时有发生、高层次人才更是严重不

足；由于新疆投融资机制创新性不强，导致新疆交旅产业投融资渠道较为狭窄、投融资体系不健全、投融资政策支持力度较小、融合发展资金缺口较大。另外，新疆交旅产业管理体制不完善，导致新疆交旅产业的融合发展过多采用行政驱动和资源驱动，在市场驱动和创新驱动方面表现较为滞后。还有融合政策体系不全面，导致新疆交旅产业融合发展的政策指导性作用不强、协同性作用较差。总体来说，体制机制不健全和融合政策体系不全面已经成为制约新疆交旅产业融合发展的主要因素，亟须优化新疆交旅产业融合发展的体制机制和不断完善交旅产业融合发展的政策体系。

5.4　本章小结

本章采用问卷调查、文本资料分析、实地调研和结构化访谈等定性分析与定量分析相结合的方法，以乌昌石城市群为例，详细分析了乌昌石城市群交旅产业融合发展的游客偏好、游客满意度调查和发展不足，并进一步系统分析了新疆交旅产业融合发展进程中存在的主要问题，具体来讲，主要存在以下 10 个方面的问题：顶层设计与全域统筹规划相对落后、部门协调机制待优化，交旅的空间耦合程度不高、区域联动效应不显著，交旅服务品质较差、交通通达性与舒适性待提升，交旅基础设施建设薄弱、配套服务体系待完善，交旅类企业规模较小、辐射效应与创新能力偏弱，交旅产业融合发展模式较单一、精品交旅产品供给较少，高端复合创新型人才匮乏、引人留人机制待优化，交旅产业融合资金缺口较大、多元融资体系不健全，交旅信息共享能力较差、数字化智慧交旅平台待完善，市场运作能力较差、交旅产品品牌影响力较弱。围绕主要存在的问题，本章从要素配置、市场主体建设、产业结构、体制机制等方面进行了制约因素的深入剖析，得出的主要制约因素是要素配置效率较低下，融合支撑体系不健全（要素配置和支撑体系制约），市场主体地位不突出、交旅产品供给质量较差（市场主体建设与供给质量制约），结构协调性差，融合模式滞后（产业结构与融合模式制约），体制机制不健全、融合政策体系不完善（体制与制度制约）。通过查找出的问题和制约因素，能够为后续的新疆交旅产业融合发展的路径设计与促进路径实施的对策建议提供较好的突破口和着眼点。

第6章　新疆交旅产业融合发展的 SWOT 分析

为治理新疆交旅产业融合发展过程中存在的主要问题和破解相应的制约因素，本章对新疆交旅产业融合发展做了全面的 SWOT 分析，主要通过 SWOT 分析法对新疆交旅产业融合发展的外部环境与内部资源条件进行了系统分析，得出了新疆交旅产业融合发展的机会、威胁、优势与劣势，期望为新疆交旅产业高质量融合发展提供较好的切入点和着力点，为新疆交旅产业融合发展的路径设计和对策建议提供了具体的方向与参考。

6.1　新疆交旅产业融合发展的优势分析

6.1.1　新疆具有独特的地理位置优势

新疆地处祖国西北边陲，位于亚太经济圈与欧洲经济圈交会的关键节点，是我国陆地面积最大、国境线最长的省份，也是连接中国、中亚和西亚的重要枢纽之一，同时也是中欧班列的重要起点之一。除此之外，新疆与俄罗斯、哈萨克斯坦、吉尔吉斯斯坦、塔吉克斯坦、巴基斯坦、蒙古国、印度、阿富汗 8 个国家接壤，是我国与邻国接壤最多的省级单位，也已经成为中国进入中亚地区最为便捷的通道。新疆的陆地边境线全长5700余公里，约占我国陆地边境线的1/4，并且还拥有15个国家级口岸，12个省级口岸，具备了东进西出、全方位开放的地缘优势。与此同时，借助中巴公路向南连接中国和巴基斯坦的中巴经济走廊，新疆成为中国倡导的"一带一路"最为重要的地区之一，区位优势明显。

新疆共有14个地州市，其中哈密市、昌吉回族自治州（昌吉州）、阿勒泰地区、塔城地区、博尔塔拉蒙古自治州（博州）、伊犁州直属、阿克苏地区、克孜勒苏柯尔克孜自治州（克州）、喀什地区9个边境地区是新疆旅游产业发展势头最强劲、旅游资源最丰富的地区，也是国家"一带一路"倡议、中巴经济走廊、中哈跨境经济合作区、中哈边境经济合作区、阿勒泰山区域跨境旅游合作区等的重要节点和关键突破口。因此，新疆具有独特的地理位置优势，为新疆交旅产业融合发展提供了有力支撑和坚实的地缘优势基础。

6.1.2 拥有丰富且独具特色的旅游资源

旅游资源既是旅游产业发展的基础，也是交旅产业融合发展的基本前提和必要条件。新疆地域辽阔，风光旖旎，旅游资源十分丰富且独具特色。一方面，新疆自然旅游资源数量多，并且规模庞大，其独特的气候和优越的地理位置造就了丰富的水文资源、森林资源等自然景观。截至2022年末，新疆已经建立了7个省级以上湿地类型自然保护区和51个国家级湿地公园，湿地总面积居全国第五位。除此之外，根据中华人民共和国文化和旅游部官网数据，截至2023年9月，新疆（包括新疆生产建设兵团）拥有17个5A级旅游景区、143个4A级旅游景区、15个红色旅游经典景区、7个国家全域旅游示范区、3个国家级滑雪旅游度假地、1个国家级旅游度假区（那拉提旅游度假区）等丰富的旅游资源（见表6-1）。新疆国际大巴扎、喀什古城、赛里木湖、独库公路、盘龙古道等景区和线路，已成为全国各地游客"慕名而来"的网红旅游地。另一方面，新疆旅游资源类型种类繁多。根据《中国旅游资源普查规范》中的资源类别划分，在中国旅游资源六大类 68 种基本类型中，新疆至少拥有 56 种类型，占全国的 80% 以上，景点达 1100 余处，居全国首位。新疆除了拥有沙漠、雪山、湖泊、草原、冰川、河流、森林、峡谷、盆地等各种类型自然景观外，还拥有铁门关、楼兰古城等众多历史遗迹和人文景观。并且新疆的自然景观是奇妙而独特的：冰川与火洲并存、瀚海与绿洲为邻、自然风貌粗犷、景观组合独特。

表 6-1　新疆（包括新疆生产建设兵团）拥有的 3A 级及以上景区个数

单位：个

类别	数量
5A 级景区	17
4A 级景区	143
3A 级景区	350

注：相关资料根据新疆维吾尔自治区文化和旅游厅公布数据整理所得。

除此之外，新疆是一个拥有悠久历史的地区，有着十分丰厚的历史文化资源，还拥有着许多被称为"世界之最"和"中国之最"的自然景观和各种遗址等独特的人文景观，民俗文化丰富、异域风情浓厚。在自然景观方面，山有"万山之祖"的昆仑山、世界自然遗产天山、世界第二高峰乔戈里峰、我国最炎热的山火焰山；湖有我国最大的内陆淡水湖博斯腾湖、我国海拔最低的艾丁湖、我国水位最深的冰碛堰塞湖喀纳斯湖以及被誉为"大西洋最后一滴眼泪"的赛里木湖；树有我国"最美森林之首"的雪岭云杉、世界面积最大的原始胡杨林公园（也是世界唯一的胡杨林公园）；草原有我国最大的高山草原巴音布鲁克、堪比瑞士风光的空中草原那拉提、世界最高最大的旱地麦田江布拉克；雪有我国最优质的粉雪、我国落差最大的雪道；路有我国最长的边境风情国道、最美的独库公路、弯道最多的盘龙古道、最长的沙漠公路等。在人文景观方面，有年代最久、保存最完好的烽燧遗址克孜尔尕哈烽燧、新疆迄今发现最大的佛寺遗址苏巴什寺遗址等文化遗产，独特的文化遗产也是人文景观资源的重要组成部分，其中蕴含了悠久的历史文化和独特的人文风情。总而言之，新疆具有丰富多样、数量庞大的旅游资源，为新疆交旅产业融合发展提供了坚实的旅游资源基础和良好的发展条件。

6.1.3　边境地区综合交通网络的不断健全

随着"一带一路"倡议的不断深入推进，新疆边境地区的综合交通运输体系正在逐步地完善，已逐渐形成东连内地、西出周边，环绕两大盆地、贯通天山南北、通达全疆各地的公路主骨架。据统计，截至目前，新疆已经与周边8个毗邻国家中的5个开通了双边国际道路运输线路118条，总数占全国的1/3以上，建设跨境国际光缆26条，初步形成公路、铁路、民航、通信、管网、电网"六位一体"的互联互通网络体系，正着力打造亚欧黄金通道和向西开放桥头堡。此外，还开通了3条进出疆高速公路大通道，同时正在加快构建兰新线、临哈线、格库线"三出疆"，阿拉山口、霍尔果斯"两对外"铁路路网格局。航空运输能力的不断增强更是为新疆边境地区旅游业的发展注入了强劲动力。目前，全疆民用机场达25个，开通国际航线26条，通达19个国家。

新疆作为我国向西开放的重要窗口，具有优越的沿边开放条件，同时也拥有着丰富的边境口岸和边境合作区资源，目前国家批准新疆对外开放的17个口岸中有航空口岸2个，陆地边境口岸15个。航空口岸有乌鲁木齐航空口岸、喀什航空口岸。陆路口岸中，新疆与蒙古国的边境口岸4个，即老爷庙口岸、乌拉斯台口岸、塔克什肯口岸和红山嘴口岸；新疆与哈萨克斯坦的边境口岸7个，即阿黑土别克口岸、吉木乃口岸、巴克图口岸、阿拉山口口岸、霍尔果斯口岸、都拉塔口岸和木扎尔特口岸；新疆与吉尔吉斯斯坦的边境口岸2个，即吐尔尕特口岸、伊尔克什坦口岸；新疆与巴基斯坦的边境口岸1个，即红其拉甫口岸；新疆与塔吉克斯坦的边境口岸1个，即卡拉苏口岸。目前对外开放的17个口岸中，已经正式开通使用的有15个，未开放的2个，分别是阿黑土别克口岸和木扎尔特口岸（见表6-2）。除此之外，自深入实施"旅游兴疆"战略以来，新疆也正在积极加快"铁公机"建设，覆盖广泛、功能完备、集约高效、绿色智能、安全可靠的现代化交通网络，为新疆旅游产业的发展提供了交通运输保障。总而言之，交通运输能力的不断增强、边境口岸的不断开通为新疆的旅游产业发展开拓了更为广阔的市场，同时也吸引了大批的国际和国内游客。

表 6-2　新疆国家级一类口岸名单

口岸名称	所在地	接壤国
老爷庙口岸	哈密	蒙古国
乌拉斯台口岸	昌吉州	—
塔克什肯口岸	阿勒泰	—
红山嘴口岸	阿勒泰	—
吉木乃口岸	阿勒泰	—
巴克图口岸	塔城	—
阿拉山口口岸	博州	哈萨克斯坦
霍尔果斯口岸	伊犁州直属	—
都拉塔口岸	伊犁州直属	—
红其拉甫口岸	喀什	巴基斯坦
吐尔尕特口岸	克州	吉尔吉斯斯坦
伊尔克什坦口岸	克州	—
卡拉苏口岸	喀什	塔吉克斯坦
喀什航空口岸	喀什	—
乌鲁木齐航空口岸	乌鲁木齐	—
阿黑土别克口岸（未开通）	阿勒泰	哈萨克斯坦
木扎尔特口岸（未开通）	伊犁州直属	—

6.1.4　新疆具有独特的民俗文化和民族风情

新疆历史悠久，从新石器时代算起，距今已经有六七千年之久。历史上东西方文化在这里融合，众多民族在此繁衍生息，创造和构筑了博大精深、源远流长的灿烂文明，形成了独具异彩的西域文化和浓郁的民族风情。目前，新疆居住着汉族、维吾尔族、哈萨克族、回族、柯尔克孜族、蒙古族、塔吉克族、锡伯族、满族、乌孜别克族、俄罗斯族、达斡尔族、塔塔尔族13个世居民族，是一个多民族、多语言的地区，也是多种文化交流交融的舞台，拥有着丰富的民俗文化和民族风情。在历史不断前进和发展的过程中，各民族之间的生活习惯、文化习俗在相互影响、吸收、融合的过程中，仍然保留着自身独特的民族特征，正是由于这些少数民族的自身特色，才形成了如今丰富多彩却又独具特色的民俗文化。比如，有众多具有本土特色的节日和庆典活动：古尔邦节、肉孜节、和田玉博览会等；还有哈萨克牧民的草原文化、维吾尔族独具特色的餐饮文化、民族音乐和舞蹈文化等。丰富而又深厚的民族风情及民俗文化，为民俗旅游资源增添了艳丽的色彩，形成了新疆独特而又绚丽的景观。这些丰富多彩的民俗文化也深受游客的喜爱，成为了新疆旅游业的重要组成部分。

新疆是古丝绸之路的重要地段，中西方文化荟萃、民俗风情多彩。新疆自古还享有"瓜果之乡""天马之乡""金玉之邦"和"地毯丝绸王国"的美称，尤以"丝绸之路"享誉世界。除此之外，新疆的各种特色美食文化、独具特色的民族服饰等，都彰显出了新疆独特的民俗文化和民族风情。同时，这些构成了新疆旅游最迷人的风景，也深深吸引着全国各地乃至世界各地的旅游者来此休闲度假，寻幽访古。因此，新疆独特的民俗文化和民族风情成为了新疆旅游项目的一大亮点，也构成了发展旅游业的独特优势之一。

6.1.5　境内地区交通设施不断的发展和完善

自深入实施"旅游兴疆"战略以来，新疆旅游市场也在持续恢复，各地前来新疆旅游的游客呈"井喷式"的增长。为了满足新疆旺季旅游及假期旅客的出行需求，新疆的交通运输在不断地进行发展和完善。

在航空方面，2022年，新疆机场建设进入"快车道"，目前新疆拥有民用机场25个，航线网络建设在不断完善，"空中丝绸之路"网络体系正"越织越密"，为旅游业的发展不断"添砖加瓦"。在公路方面，根据

《国家公路网规划》，将新疆 4 条公路线路调增为国家级高速公路，15 条公路线路提升为普通国道，并延长部分既有线路，优化和完善新疆境内主要交通干线网络结构，特别是将出入境大通道 G680 富蕴至塔克什肯公路、进出疆大通道 G571 拉配泉至巴什库尔干公路、南北疆大通道 G3033 奎屯至独山子至库车高速公路、兵地大通道 G303 阿克苏至阿拉尔高速公路等解决留白问题的重要线路纳入了规划，并要求优先打通 G219 和 G331 等沿边国道，基本消除普通国道等外路及"断头路"等。除此之外，近年来，新疆还相继打造了独库公路、伊昭公路、S101 等多条风景公路，不断改善和升级的交通条件，吸引了大批量游客自驾游新疆。在铁路方面，进入 21 世纪后，随着国民经济的迅速发展以及国家"西部大开发战略"的提出，对快捷、畅通的铁路运输也提出了要求。在此期间，新疆先后建设、开通的铁路有精—伊—霍铁路、奎北铁路、喀什—和田铁路、乌准铁路、乌鲁木齐铁路集装箱中心站建设等项目。新疆铁路实现了从"内燃时代""普速时代"向"电气化时代""高铁时代"的跨越。从兰新铁路到亚欧大陆桥、从单线到复线、从"一"字形到"人"字形，到如今以兰新铁路、南疆铁路、北疆铁路为主干道，东西贯穿、南北延伸的"四纵四横"铁路网基本形成。总体来看，逐渐完善的立体化交通网络建设为游客"走出家门、走进新疆"提供了基础，也为新疆旅游产业的发展提供了交通运输的保障，从而也促进了交旅产业的高效融合发展。

6.2　新疆交旅产业融合发展的劣势分析

6.2.1　旅游资源分散，"旅长游短"问题较突出

新疆维吾尔自治区的地形地貌较为特殊，山脉与盆地相间排列，盆地

的四周都是高耸的山峰。具体而言，北部是阿尔泰山，南部是昆仑山脉、天山山脉从新疆的中部穿过，将新疆分成南疆和北疆，南部是塔里木盆地，北部是准噶尔盆地，山脉与盆地相间交错，形成了新疆"三山夹两盆"的独特地形，同时也造就了新疆姿态万千的壮丽景观。然而，由于新疆地域广阔和独特的地形，城市与城市、景区与景区之间路途较远、里程较长，新疆的旅游资源也较为分散，使游客从一个景点到下一个景点的过程会花费大量的时间和精力，在旅游的整个过程中耗费在路途中的时间较长，真正去欣赏美景的时间却比较短。具体而言，新疆旅游景区存在以下分布特征：新疆旅游资源呈现点状分布，旅游景点呈现离散分布，并且旅游景点辐射范围较小，彼此之间基本处于相互独立的状态，并未形成统一的规模。总而言之，新疆的旅游资源比较分散，使得新疆旅游产业的发展长期面临着"旅长游短"的问题。因此，要大力推进交旅产业的融合发展，从而能够尽快实现从"旅长游短"到"旅短游长"的转变。

6.2.2 交通运输发展还相对滞后

新疆地处古丝绸之路核心地带，地域辽阔、天山南北景观多样。然而，新疆由于幅员辽阔，地形地貌较为复杂，水路资源较为匮乏，其交通运输条件的发展相对落后，并且发展速度较为缓慢。交通运输作为旅游的先决条件，在促进和发展旅游业中发挥着重要的作用，也是旅游业发展的必要条件。近年来，尽管航运、铁路线以及高速公路建设等都在持续地完善，但是由于距离较远和交通成本较高的限制，许多交通闭塞地区的旅游业还是难以顺利地展开。

旅游活动具有明显的异地性特征，需要游客必须借助各种交通工具才能完成，旅游活动和交通运输有着紧密而直接的关系。目前来看，新疆公路交通网的密度相较于内地省份仍然显得不足、覆盖率较低，整体的基础设施相对于内地发达省份较为滞后。据统计，新疆内部各城市之间的平均距离达 900 公里，乌鲁木齐到达疆内各城市的平均距离约 740 公里。

交通基础设施发展的相对滞后成为制约新疆交旅产业融合发展的主要因素。除此之外，新疆虽然拥有全国数量最多的机场，但是受航运成本较高的制约，难以在大众中进行推广和应用。近年来，新疆的铁路网得到了进一步的完善，已经建设完成的高铁项目给新疆交通带来了极大的便利，也大大增加了疆外游客入疆的概率。然而，从整体来看，新疆还没有建设相对完善的高铁网络，与其他地区的距离相对较远，依靠铁路，不仅花费时间较长，同时还会降低游客的体验。并且，对于新疆内部而言，高铁网络建设仍然比较落后，疆内的各地区之间交通运输距离较远，不能很好地满足游客的出行需求。公路作为旅游中最基本、最普遍的交通方式，尽管新疆内部公路在不断完善，但是由于地形复杂、地貌多样等各种因素的限制，疆内许多区域之间的公路网尚未健全，各景区之间的可达性较差。旅游活动对交通运输的依赖程度极高，因此，新疆交通运输产业发展相对滞后是制约新疆旅游产业与交通运输融合发展的主要瓶颈。

6.2.3　受气候制约，旅游淡季较长

新疆地区独特的气候条件，虽然造就了很多独特的自然风景，与此同时也带来了一定的负面影响。新疆地区远离海洋，又处内陆深处，四周高山阻隔，使得气候条件十分特殊，夏季炎热干燥、冬季寒冷严寒，存在昼夜温差较大的情况。所以也有句老话说"早穿皮袄晚穿纱，围着火炉吃西瓜"，这句话也很典型地形容了新疆的气温。并且，新疆的冬季时间相比其他地方的冬季时间较长，很多美景却只能在天气暖和的时候才能欣赏到，这也就意味着适宜旅游的时间并不长。因此，游客一般选择在5~10月的时间段来新疆旅游，旅游旺季只有5个月左右，所以产生的旅游综合收益受季节性制约。

新疆旅游淡季较长的特征十分明显，且淡季与旺季旅游呈现出两极分化的状态。在夏季新疆旅游呈现出"一票难求"的火爆情况，而在冬季却是十分的冷清，人迹罕至。在每年的旅游淡季期间，自驾游人数

少之又少，旅游企业和相关从业人员的工作变得非常难以开展。目前来看，比较缺乏具有特色的淡季旅游产品，这也是新疆地区淡季旅游工作难以开展的主要原因之一。在这样的情况下，无论是企业效益还是个人收益都大幅下降，这就严重制约了新疆交旅产业融合的发展力。同时，也造成了旅游相关从业人员因生活所迫而转行，进而加剧了交旅专业人员短缺的问题。因此，如何有效解决新疆旅游淡季的良性发展，是新疆旅游产业持续发展的关键点，更是新疆交旅产业融合发展必须突破的难题。

6.2.4 旅游资源开发建设投入不足，景区宣传力度不够

新疆虽然有着得天独厚的旅游资源优势，但是旅游资源的开发建设和旅游目的地的宣传方面却存在很大的不足。从目前来看，尽管新疆旅游资源非常丰富，但是很多景区的基础设施及相关的配套服务体系还是比较简陋和不健全的，从而也就难以满足游客在旅游过程中的相关需求。尤其是在新疆边远地区的旅游景点，基础设施及配套服务体系更为不完善。比如，一些边远景区的酒店和交通设施相对比较匮乏，也比较缺乏高档型的旅游酒店和现代化的公共交通工具。在旅游过程中，游客可能经常会面临"如厕难""加油难"等问题，甚至有些景区还存在安全隐患，这严重影响了游客的旅游体验。因而，基础设施和配套服务体系不够完善，就难以为游客提供令其满意的旅途服务保障，进而会对旅游业的持续发展产生不利的影响。因此，要想吸引更多的游客前往新疆旅游，就必须加大投入、加强建设，改善基础设施和相关配套服务体系，进而提升游客的旅游体验感及满意度。

此外，新疆旅游景点的宣传推广方面也存在较大的不足。由于新疆地处偏远，很多游客对于新疆的美景并不是十分了解，特别是一些新兴的旅游景点，没有足够的宣传力度，游客对其了解更是少之又少。具体而言，新疆旅游业在宣传和推广工作上缺乏明确的市场定位，不仅营销推广手段较为单一化，而且对于现代化媒体网络宣传平台的应用工作也不够充分，

导致大多数旅游景区的知名度和认可度都比较低。总的来说，要加大新疆旅游景点的开发和旅游产业体系建设的投入、加大旅游目的地的宣传力度，从而为新疆的交旅产业融合发展提供基础保障。

6.2.5　旅游专业人才资源较为匮乏

近年来，新疆维吾尔自治区旅游业发展十分迅速，旅游业的发展对整体地区的经济发展也产生了带动作用。不仅推进了文化交流，也维护了社会的稳定，使新疆能够在文化积淀的同时拥有更多的优势资源。人才是发展的基础和动力，旅游业的发展更离不开相关的专业人才。换言之，旅游业是一项关联性很强的综合性产业，因此对旅游从业人员的综合素质与专业技能要求较高。具体而言，若要推动旅游产业的进一步发展，同时并推进交通业和旅游业的融合发展，实现整体产业的转型升级，则需要储备大量的高素质人才。目前来看，由于新疆地处中国西北偏远地区，地广人稀，经济发展和人才培养方面与内地其他地方相比滞后性较为明显。结合现状分析，发现新疆旅游产业在人员方面还存在较多问题，具体有：人员结构缺乏合理性、文化水平不高、高素质专业人才较为缺乏等，不利于旅游产业的可持续发展。

除此之外，新疆因基础设施建设条件较差，自然环境恶劣，用人机制相对内地而言也不太灵活，导致了部分人才流失的问题，从而使得人才短缺的问题更为明显。然而，旅游产业作为第三产业，在发展方面需要更多的人才支持，因此，人才资源的匮乏也给旅游产业的发展带来了一定的不利影响。总而言之，若要加快推进新疆交旅产业融合发展，则需要合理有效地引入高素质人才、优化人员结构，将越来越多的专业人才投入交旅产业建设与发展当中。

6.3 新疆交旅产业融合发展的机会分析

6.3.1 国家、地方政策所带来的机遇

"一带一路"是我国提出的国际合作倡议，也给我们自身带来了发展机遇。在"一带一路"的背景下，新疆是中国向西开放、发展全方位对外格局的重要一环，也迎来了巨大的发展机遇期，对于新疆的经济、交通、旅游等方面都有着巨大的促进作用。除此之外，近年来，国家积极鼓励并大力推进交旅产业融合发展，并先后出台了一系列支持政策，打造交旅产业融合发展的共同体。例如，《交通强国纲要》的出台，对深化交旅产业融合发展提出了更具体的要求，要加速新业态模式发展；还有国家出台的《"十四五"现代综合交通运输体系发展规划》《"十四五"旅游业发展规划》《关于促进交通运输与旅游融合发展的若干意见》《全国生态旅游发展规划（2016-2025 年）》等相关政策，为推动交旅产业融合发展提供了政策性的支撑和机会。

新疆地处西部，国家对其旅游产业的发展也给予了大力支持，如《新疆维吾尔自治区促进旅游业发展若干措施》等政策，以及国家对旅游产业的资金支持，也都为新疆交旅产业融合发展提供了良好的政策与资金环境。与此同时，为积极响应国家号召，并加快实施"旅游兴疆"战略，积极促进交旅产业深度融合、高效发展。新疆维吾尔自治区交通运输厅印发了 2023 年公路交旅产业融合发展工作要点，从强化基础设施建设和旅游服务保障能力两方面，加快推进交旅产业深度融合，为游客提供"美在公路、美在服务"的全新体验，积极服务"旅游兴疆"战略。因此，随着旅游市场的加速复苏，再加之国家、地方等相关政策与资金的支持，为新疆旅游产业的发展注入新的活力，同时也给新疆交旅产业的融合发展带来了发展机遇。

6.3.2　人们的旅游需求不断增加和扩大

随着社会的发展与进步，人们的经济收入和生活水平也在不断提高，人们对于生活品质的要求也在不断地攀升，并且越来越多的人有经济能力去旅行。在现在的"快节奏"生活时代，大多数的人或多或少都有一定的工作压力。在这样的生活背景下，旅游也逐渐成为一种人们享受生活、体验不同文化和放松身心的方式。同时，旅游也可以帮助人们拓展人际交往网络，结交来自不同领域的朋友，增加人际关系的广度和深度。结合我国现阶段的主要矛盾"人民日益增长的美好生活需要和不平衡不充分的发展之间的矛盾"。这也充分体现出了我国越来越多的人不仅局限于物质生活方面的满足，也逐渐变得越来越注重生活品质和精神层面的提升。除"读万卷书"之外，更多的人也越来越倾向于"行万里路"去丰富自己的阅历，充实自己的内心，从而获得精神层面的满足与提升。

与此同时，随着交通工具的发展和交通网络的不断健全与完善，使人们更容易到达旅游目的地。高速公路、铁路、航空等交通工具的发展为人们的旅行提供了更多的便利和选择，新疆作为一个旅游资源极为丰富的地方，不仅有着令人沉醉的自然风光，还拥有独具特色的风土人情，能够满足游客的多种旅游需求。因而，人们旅游需求的不断增加和扩大，对于具有得天独厚旅游资源优势的新疆而言，更是迎来了一个发展旅游业的宝贵机遇。与此同时，在一定程度上也促进了新疆交旅产业的融合发展，为新疆交旅产业融合发展带来了巨大的市场机遇。

6.3.3　信息技术的飞速发展和短视频的"爆火"

随着信息技术的飞速发展，互联网、大数据、人工智能等技术在旅游行业的应用越来越广泛。这些技术创新也为新疆交旅产业融合发展提供了新的机遇。例如，可以通过大数据对游客行为进行分析，在参考大数据分析的基础上，更好地开发符合游客需求的旅游产品和服务。更重要的是，在数字化时代下，短视频的飞速发展，更是为旅游业的发展带来了机遇。

目前来看，越来越多的人通过刷短视频进行查旅行攻略、发短视频分享旅途中的见闻等，旅游也逐渐变成了与短视频结合最密切的行业之一。短视频具有短、新、快等特点，除了能够进行宣传推广，还具有营销、服务、带货等多重功能，成为景区景点与游客之间的一种新的交流沟通方式。与此同时，新疆具有优质的旅游资源，不仅数量庞大，且种类繁多，再加之短视频的助力，让新疆的美景不时地"霸屏"抖音、快手、小红书等社交平台，使得新疆优质的旅游资源不断地"爆火出圈"，不少景区和旅游景点在短视频的助推下持续火爆，从而吸引了许多游客前来游玩。短视频不仅助力了新疆旅游业的宣传营销，促进了新疆旅游发展，带动了旅游消费，同时也让新疆的形象变得更加"立体生动"，为新疆旅游产业带来了一定的发展契机。

优质的短视频不仅让新疆的壮丽风景在线上"名扬天下"，也成为旅游目的地的"种草机"，吸引了大量的游客。借助短视频平台，即便远在千里，也能通过短视频一睹新疆的壮美风光和独具特色的民族风情。与此同时，短视频的巨大流量对提升旅游目的地的知名度和认可度也起到了不小的作用。因此，在这样的背景下，借助短视频平台深耕优质宣传营销内容，挖掘新疆的地域特色和旅游资源，进而推动新疆交旅产业的高质量融合发展。

6.4 新疆交旅产业融合发展的威胁分析

6.4.1 国际、国内其他地区旅游市场的激烈竞争

新疆虽然有着优质的旅游资源，但随着国内其他地区和国际旅游市场的不断发展，也面临着国际旅游市场和国内其他旅游目的地的激烈竞争。我国国内各个地区的旅游产业也在逐步地进行旅游产业的复苏，并采用多种方式进行宣传营销，进而抢占旅游市场份额，旅游市场竞争变得十分激烈。新疆如果无法把握得天独厚的旅游资源优势，提升其旅游产品的品质

和旅游目的地的吸引力，可能会导致其游客量减少，进而在竞争中会失去已有的天然优势。

国际旅游市场的发展也给新疆旅游业发展带来了新的挑战。一方面，在过去，国际旅游主要是一种"富人的游戏"，出国旅游在普通人的眼中还是一种"奢侈品"。但是，随着社会的发展与进步，目前来看，我国的中产阶级也在逐渐扩大，人们的收入水平不断地提高，越来越多的人不再局限于在国内旅行游玩，逐渐开始选择国际旅游。而且，随着一代又一代年轻人开始接受国际化的教育，他们的视野变得更加广阔，更愿意去探索世界，了解不同的文化，推动了国际旅游发展。另一方面，国际上旅游资源丰富的国家为吸引中国游客也提供了极大的签证便利，使中国游客的出境旅游成本不断下降，也促进了中国游客选择国际旅游。但与此同时，这不仅给国内旅游产业的发展带来了新的挑战，也对推进新疆交旅产业的融合发展造成了一定的威胁。

6.4.2　资源消耗和环境污染带来了一定的威胁

新疆正处于由传统经济快速向现代经济转型的战略机遇期，但因资源的过度开发利用造成的环境污染等问题，使经济发展与资源、环境之间的矛盾越来越突出。随着经济的繁荣发展，旅游业也发展迅猛。然而，旅游业的发展也需要大量的资源来推动机场、酒店和各种旅游设施的运行，因此，资源的大量消耗也给旅游业的发展也带来了一定的影响。

除此之外，旅游发展和环境保护也一直处于矛盾之中。随着游客数量的增加，环境保护和资源利用的压力也随之增大。具体而言，新疆具有丰富的旅游资源，但人工对旅游资源的过度开发，也将极大地破坏生态平衡。因为过度地开发旅游资源，会造成有些物种的栖息受到一定程度的破坏，从而导致其物种的数量减少，甚至最终会导致物种的灭绝。这不仅对新疆的生态环境带来一定的负面影响，也会新疆旅游产业的发展产生不利。而且，由于气候较为特殊，导致其自然环境较为脆弱，过度的旅游活动也可能对生态环境造成破坏，如游客随意丢弃垃圾的不文明行为、景区游客

"过载"等问题，也容易带来环境的污染，进而导致旅游环境遭到自然性的破坏。资源环境遭到破坏，不仅使得旅游发展受到限制，也会导致游客的体验感下降，降低了游客对旅游景点的满意度，进而还会对旅游业发展产生不可忽视的影响，在一定程度上也给新疆交旅产业的融合发展带来了威胁。

6.5 基于 SWOT 矩阵的分析结论

根据以上对新疆交旅产业融合发展的优劣势、面临的机会与威胁分析，可以构建出如下的 SWOT 矩阵表，如表 6-3 所示。综上所述，新疆交旅产业融合发展应重点采取 SO 战略，并辅以 WO 战略和 WT 战略，并制定相应的发展对策与建议，以促进新疆交旅产业的高质量融合发展进程的高效推进。

表 6-3　新疆交旅产业融合发展的 SWOT 分析矩阵

内部能力 外部因素	优势（S） 新疆具有独特的地理位置优势； 拥有丰富且独具特色的旅游资源； 边境地区综合交通网络的不断健全； 新疆具有独特的民俗文化和民族风情； 境内地区交通设施的不断发展和完善	劣势（W） 旅游资源分散，"旅长游短"问题较突出； 交通运输发展还相对滞后； 受气候制约，旅游淡季较长； 旅游资源开发建设投入不足，景区宣传力度不够； 旅游专业人才资源较为匮乏
机会（O）	SO（利用）	WO（改进）
国家、地方政策所带来的机遇； 人们的旅游需求不断增加和扩大； 信息技术的飞速发展，给新疆旅游业带来了重要机遇	针对不同游客需求，开发个性化旅游产品和服务； 发挥资源优势，打造特色旅游产品及相关配套服务； 加强区域合作，共同打造旅游产品和服务，提高旅游景点的吸引力； 提高利用现代信息技术的能力，推进交旅产业融合发展； 培育"交通+旅游"新风尚，打造交旅深度融合新业态	加强人才培养，合理有效的引入高素质人才、优化人员结构，吸引更多的人才投身于新疆的交旅事业； 借助短视频等信息技术进行景点宣传，提高其知名度和认可度； 打造具有特色的淡季旅游产品，促进旅游业的持续发展，进而推动交旅深度融合； 加快推进"快进、漫游"的路网建设，实现由"旅长游短"到"旅短游长"的转变

续表

	优势（S）	劣势（W）
内部能力 外部因素	新疆具有独特的地理位置优势； 拥有丰富且独具特色的旅游资源； 边境地区综合交通网络的不断健全； 新疆具有独特的民俗文化和民族风情； 境内地区交通设施的不断发展和完善	旅游资源分散，"旅长游短"问题较突出； 交通运输发展还相对滞后； 受气候制约，旅游淡季较长； 旅游资源开发建设投入不足，景区宣传力度不够； 旅游专业人才资源较为匮乏
威胁（T）	ST（监视）	WT（消除）
国际、国内其他地区旅游市场的激烈竞争； 资源消耗和环境污染带来了一定的威胁	深化政策支持，继续贯彻和落实国家的支持性政策和倡议，为新疆交旅产业融合发展创造更加良好的政策环境； 调动各方力量，形成政策合力，统筹推进"交通+旅游"的融合发展	合理开发和利用旅游资源，加大环境保护力度，避免对生态环境造成破坏； 提升旅游产品的品质和旅游目的地的吸引力，进而提高市场竞争力

第7章 国内外交旅产业融合发展
路径及对新疆的借鉴

7.1 国外交旅产业融合发展路径的先进经验

7.1.1 美国交旅产业融合发展路径的先进经验

美国在交旅产业融合发展上具有一定的代表性，尤其是在旅游公路上取得的成效具有较强的示范作用。"二战"结束后，美国经济增长迅速，公路系统和州际高速公路也因此快速发展，使得到达美国各州县和乡村变得非常便捷。随着交旅产业的不断完善以及美国人对游憩、清闲、娱乐项目的向往与追求，公路旅游的热潮逐渐在全美迅速展开。于是，如加州1号公路、66号公路、熊牙公路、内布拉斯加州2号公路等众多以旅游为目的的公路先后筹建起来，成为美国人对于追求绝对自由精神向往的标志。历经30年的发展，联邦公共道路管理局完成了《国家旅游公路研究报告》并在同年初步拟定了"国家旅游公路计划"，该法案于1995年正式出台，首次将旅游公路提升到国家层面。该法案中明确指出了打造和管理旅游公路的规范，同时各州旅游公路管理部也相继发布指导文件以更好地落实此项工作。目前，旅游公路已经成为美国交通运输网络中的重要一环，与国家公园管理局也建立了紧密的联系，公路不仅各自成观，而且输送大量游客参观国家公园。无论是想欣赏沿途的风景还是想体验自驾的乐趣，又或者是享受速度和自由，在美国至少会有一条公路能够满足你的需求。通过深度分析和挖掘美国交旅产业融合成功的经验，发现其成功离不开塑造知名旅游品牌、复兴沿线经济活力、形成新经济增长点、实施"合作伙伴+"战略等，这些举措促进了美国交旅产业融合发展，也能够给新疆交旅产业的融合发展带来一定的启示和借鉴。

7.1.1.1　塑造知名旅游公路品牌

在 20 世纪初期，公路旅游受到美国人的青睐，此方式一直延续至今，因此旅游公路也成为世界各地游客前往美国旅游的重要原因之一。看过动画片《赛车总动员》的人对 66 号公路应该有点印象，这条公路被美国人唤为"母亲之路"，它从城市繁华的芝加哥出发，一直延伸到洛杉矶阳光海岸，沿途的壮丽景色和独特的路线设计给人留下了深刻印象。由于其中有一段线路在对角线上，故也被称为"大斜角公路"。该公路兴建于"二战"初期，当时主要用途就是运输军用物资，越来越多的人使用这条道路，使周边的乡镇迅速发展起来，也让更多的人获得就业机会。同时，66 号公路也是不少文化创作者的灵感来源，以各种形式频频出现在音乐、电影和文学作品当中，既带来了商业价值，并赋予它源源不断的热度。通过这些创意的作品，在人们的脑海中勾勒出一幅曼妙的画卷，仿佛穿梭于美国的历史和文化发展进程中。在全球公认的公路排行榜上，美国 66 号公路可以称得上一路独尊，堪称公路之巅，它不仅在美国广为人知，也在中国拥有广泛的知名度。世界上还真没有一条公路，能做到让学者研究了整整 60 年的岁月。迈克尔·华利斯曾说，66 号公路之于美利坚民族，好比一面明镜，它目睹了美国从"二战"后重修到现代化的进程，搭载着无数人的情感和回忆，这条公路散发着学者、旅行者及文化爱好者无法阻挡的独特魅力，让人永不忘怀。由此可见，美国塑造 66 号知名公路旅游品牌的经验能够给新疆交旅产业融合发展带来一定的启示和借鉴。

7.1.1.2 复兴沿线经济活力，形成新经济增长点

1956 年，美国通过了"洲际公路法案"，州际高速公路从车道数量、车道宽度等上做了改造，给人们带来更便捷的体验，原有的公路无法承载现有交通情况，以 66 号公路为首的公路渐渐地被州际高速公路所取代。从原来的名声大噪，到现在的交通量骤减，人们逐渐放弃对它的使用，沿线的商店、酒店、加油站以及购物中心等也先后关闭，市镇上的居民纷纷选择迁离，1985 年美国政府将其从地图上移除。然而，随着时间的推移，66 号公路再次抓住了人们的眼球。通过"国家旅游公路体系"的评估，66 号公路重新以代表美国精神文化的形象回归地图，成了地方宣传旅游的重点之一。1990 年，为了唤醒美国人对 66 号公路的回忆，并保护其历史文化，美国各州创建了"66 号历史公路联盟"，联盟的成立标志着人们对 66 号公路的重视和关注。在有心人士和地方政府的帮助下对已损坏的地面进行修缮，并组织公路认领活动，负责人需要定期巡视负责的路段，确保公路的状况良好。同时，该联盟通过开展文化活动、借助媒体宣传的方式，来延续和保护原有的历史文化。现在 66 号公路吸引了越来越多的"朝圣"的旅客前来追寻回忆。这也为沿线的城镇带来了稳定的游客流量，帮助它们重振经济，区域化城镇得到了一定的发展。曾经萧条的场面已经一去不复返，取而代之的是繁荣兴旺的景象。

7.1.1.3 实施"合作伙伴+"战略

目前，美国交通管理局与国家公园开展全方位的合作，在原有合作关系的基础上，积极开展了"合作伙伴+"计划，助力交旅产业融合发展的新速度。交通和国家公园管理局倾向与各地高校开展合作，如美国的得克萨斯农工大学，该大学的休闲、公园和旅游学院加入了此项目，为项目带来了丰富的专业知识和创新思维。通过邀请各学院教授协作完成项目的标准化操作流程，并为志愿者编制说明材料，强化了志愿者在落实工作时的规范性和专业性。同时，学院的部分学生自主研发了一个数字广播平台——播客，来增加游客在旅行中的体验。美国的公路旅游的区间车上搭配着学生打造的播客，提供了丰富多彩的内容，聚合了音乐、有声书等，

通过该平台的终端对线路中的不同节点输出各种各样的信息，例如，在经历某个历史景点时，播客平台可以播放该景点相关的历史介绍、故事等。这种方式不仅使游客对所经过的景点有更深入的了解，还增加了游客间的互动。同时，美国通过交旅产业融合的项目，鼓励社会组织、教育机构和商业企业等使用交通和公园管理局的资源和网络，开展像展示精彩的科学和自然探索视频、提供专业解说的音频导览以及以保护自然为主题的娱乐内容等车载式科普类项目等活动，共同打造具有吸引力和竞争力的综合交旅产品。

7.1.2　日本交旅产业融合发展路径的先进经验

日本是中国在出游海外的一个密集聚集地，说到日本脑海中就会浮现出樱花、富士山的场景，但绝不仅此。东京又称"东京都"，是日本政治文化中心，它与名古屋、大阪并称为三大都市；在日本共有三大都市圈，东京都市圈、大阪都市圈、名古屋都市圈就是以上面三个城市为中心打造的，其中东京圈是全国最大的都市圈，三者统称为"东京阪"；在这以外的被定义为地方（圈）。近年来，日本无论是在都市圈还是地方圈都出现了人口老龄化严重的问题，造成此现象的主要原因是人口基数大再加上生育率持续低下，日本已经进入了老龄化时代。老龄化严重使得日本地方公共交通举步维艰，又加上私家车的普及化使得公共交通的可生存空间进一步变小，为释放其压力同时促进地方城镇经济发展，日本采取公共交通（铁路、巴士）与旅游融合的方式发展乡村旅游，大力驱动公共交旅产业齐头并进，形成了交旅产业融合新业态。通过分析日本地方圈在推动交旅产业融合发展方面的成功做法，可以发现其成功离不开如下几点：推出公共交通通票售票方式、大力创造公共交通出行乐趣、通过公共交通串联与衔接区域旅游资源等，这些举措促进了日本交旅产业融合健康发展，也能够给新疆交旅产业融合发展带来一定的启示和借鉴。

7.1.2.1　推出公共交通通票售票方式

日本在地方圈推出全新的售票方式——交通通票，在地面巴士、地铁、城轨等交通机构都有涉猎，游客只需要在通票规定的闸口向工作人员出示通票或自动检票，即可享受规定路线内不限次乘车。目前，通票的种类繁多，光铁路部门推出的通票就有 500 多种，面向国内国外旅客分别有不同的通票，游客还可以享受通票带来的附加特权（购物打折等）。交通通票随产比传统车票价格高出很多，但是不限次的出行带来的价值远高于普通车票，搭乘两三次就回本了。对于交通部门来说，每班次的交通单价虽然降低了，但这样会促进更多游客选择公共交通出游，进而增加客源带来相应的收益。同时交通部门与旅游景点合作，在出售通票的时候会赠予游客旅游册子，其中登报了众多热门景点的详细信息，这样一来既增加了景点的知名度，也给公共交通部门带来了额外的收入。为了激发更多游客对通票的兴趣，各交通部门运营商开展多元化的售票方式，增加交通通票的销量。日本在海外设有通票代售点（如中国可以在微信小程序、携程、淘宝、咸鱼等上购买），也可以在本地的公交站、地铁站或者游客服务中心等地购买。国内很多人出行日本时会选择廉价航空，国际旅行社会抓住游客廉价旅游的心理，会安排乘务在飞行过程中向游客出售周游券，激起游客的消费心理。

7.1.2.2　大力创造公共交通出行乐趣

交通出行的质量对旅客到一个地方乃至一个国家旅游的态度产生重要的影响。对此，日本致力于将本土的文化元素融入交通工具当中，以创造出独特且令人愉悦的旅游体验。日本通过改变车厢装饰风格、座椅舒适程度、提高车组人员服务水平、完善公共设施等为游客创造打适的出行环境和出行乐趣。比如在日本岐阜县下辖市岐阜的信长巴士，将日本战国时期武将织田信长以及妻子浓姬（樱花色）的动漫形象作为观光巴士的外膜，内饰参考当地的大名宅邸，结合打造的特色观光路线（沿线樱花），凸显岐阜市的特色文化。日本也将铁路与日式食堂相结合打造的美食列车——橙色食堂，为肥萨橙铁道公司所营运，车厢内部以温暖木头建材打造，并搭配纯色布帘，营造了温馨的食堂风格，车内餐食包括暖心早餐、日式料理、法式全餐等，一边品尝佳肴、一边欣赏九州西海岸的沿线风景。同时在岐阜县，铁路电车针对不同的季节，选取不同的食材经营电车内的餐车，以此来打造多样的主题餐车服务，很多有游客闻名而来，间接地促进了当地交旅产业的融合发展。前文提到，日本人口老龄化问题严重，这对交通领域造成了一定的挑战。由于人口的减少和需求的下降，许多车辆和路线不得不停用或者面临着被废弃的命运，近年来，相关部门采取了积极的措施，将这些破旧的车辆改造成观光列车，打造了一个个别致的观光项目，反而吸引了更多游客的眼球，同时也提高了当地居民的幸福感和满意度。

7.1.2.3　通过公共交通串联与衔接区域旅游资源

许多大都市或城镇能迎来游客的关注，大多数却决于当地的旅游内核。与此同时，各地为了进一步加强游客旅游的满意度，往往需要在旅游过程中引入支援性要素（可以是特产商超、住宿、餐馆，也可以是交通出行），原则上这些要素能增加各地旅游内核的吸引力，但由于各个支援性要素间分布不均匀，在一定程度上限制了这些要素的促进作用。地方圈的交通在实现这些支援性要素间的串联方面扮演着重要的角色，通过打造合理的交通运输网络，可以让游客更加便利地前往各个目的地。在日本某城镇上，遍布着多种多样的酒窖，为前来的旅客提供参观和品尝服务，但对很多自驾并且想体验日本酒的旅客来说，酒驾是一个非常严肃的问题，迫于安全因素往往会放弃品尝。联合本地交通机构和多数酒窖推出了"小酒盅通票"，该巴士路线将镇上的主要酒窖连接了起来，并且通票的材质和类型都做了创新型改动，就是当地的传统工艺品——小酒盅，在乘车时，只要向司机出示这个特殊的小酒盅，即可获得一种独特的入场券，在下车后，可以在特定的酒窖品尝多款日本酒。这样的做法不仅使交通部门获益，而且当地的传统工艺和酒窖也得到了更多的曝光机会和客流量，从而提升了它们的知名度和销售额，进而促进了地域内经济的良好循环。

7.1.3　欧洲交旅产业融合发展路径的先进经验

随着"四通八达"的铁路网不断完善，到欧洲旅游，绝大多数旅客会选择搭乘火车作为出行的方式之一，铁路旅游已经成为欧洲交旅中不可或缺的重要组成部分。早期欧洲交旅产业融合发展主要受益于公路旅游，后因蒸汽火车、电力机车出现逐渐代替了其主导地位，人们出行距离更远、出行也更加方便，这一趋势推动了欧洲旅游业、酒店的发展，同时也标志着欧洲铁路进入了繁荣阶段。到了 20 世纪中期，随着航空和自驾车的迅速崛起，出行的速度加快，旅行距离增加；人们可以通过航空飞行更快地抵达目的地，自驾车让他们的出行更加灵活，这种竞争性的出行方式也让火车旅游在一定时间内陷入了沉寂。"二战"结束后，以旅行社为主体的集体旅游掀起了一阵热潮，这也让公路重新回到人们的视野当中。时至今日，由于欧洲铁路网已然达到了一定规模，铁路公司在车型、配套设施、火车站等设施设备进行了相应的升级和完善，这使欧洲的铁路运输系统逐渐恢复了其曾经的辉煌，这是欧盟各成员国在新时代背景下共同推动的结果。根据欧洲统计，铁路出行在陆路交通中的地位逐渐上升，位列第二，在欧盟各成员国中发挥重要作用。通过总结欧洲各国在推动交旅产业融合发展的经验可以发现，其成功离不开：提供差异化交旅产品、实施数字化转型战略、创新交旅产业融合模式，这些举措促进了欧洲各国交旅产业融合健康发展，也能够给新疆交旅产业融合发展带来一定的参考与借鉴。

7.1.3.1 提供差异化交旅产品

欧盟交通运输理事会曾研究过旅客在选择火车出行时比较关注的因素主要是火车票、车站的情况、火车的类型、目的地的信息等。因此，欧洲铁路局根据旅客的需求对症下药，差异化提供交旅产品。为了满足旅客的自由出行，铁路局推出"火车通票"，只要在一定的时间和地区范围内，旅客可以选择任意时间段和地点出行。欧洲通票种类繁多，比如按使用人数分可以分为单人票、多人票及团体票，按照使用时间来分可以分为连续票（规定时间段内连续使用）和选择票（规定时间段内可以分段使用）。同时，在火车通票的定价策略上也推出方案，分别是：淡旺季差别定价策略、年龄差异定价策略等。欧洲许多地区旅游行业会在特定的季节（不同的旺季和淡季），根据当时的情况，制定不同的价格，比如在淡季会适当降低价格增加旅客的购买欲望，在一定程度上降低了季节性的影

响。面对不同年龄段的旅客以及购买数量等，定价策略也有所不同，比如
4 岁以下的幼儿可以免票、4～12 岁的儿童享受半价票、12～26 岁青年和
60 岁以上的老人可以享受一定的折扣，其余人按正常票价购买，若以团
体或集体的方式同时购买也可以享受一定的优惠。欧洲铁路局非常注重铁
路的附加产品，比如在各个火车站配备有服务中心、销售中心、商店等，
"无缝隙"衔接的服务让旅客感到愉悦。此外，铁路局也从火车本身出发
进行差异化设计，追求速度的旅客可以选乘高速列车、想在沿途欣赏风景
的可以选乘观光列车、既想享受星级服务又想欣赏风景的可以选择豪华列
车，多样化的交旅产品满足了各种旅客的需求。

7.1.3.2　实施数字化转型战略

随着科技的不断发展，全球进入了数字化时代，数字化能力成为各个
国家彰显实力的一个方面。在过去的很长一段时间，欧洲铁路系统只是处
于零零碎碎、时断时续的状态，这个问题一直困扰着欧洲铁路局。欧盟委
员会发布的《塑造欧洲数字未来》《欧盟铁路政策议程》中提出将数字化
技术引入到铁路中，旨在降低铁路运输成本、提高铁路服务质量。随着云
计算、人工智能、大数据等数字科技前沿的应用，欧洲铁路旅游系统已然
过渡到集成系统。首先，欧洲铁路部门参考航空公司的订票系统，旅游公
司可通过线上平台、小程序以及其他电子商务平台实时管理库存，同时借
助虚拟产品和服务增加销量，提高用户的交互感知。其次，欧洲铁路公司
正联合其他供应商，打造一个使火车旅游更方便的平台。英国最大的火车
票查询和预订网站——TrainLine，它通过收购或合作的方式，协调了欧盟
多数成员国内的供应商，业务范围涉及美食、酒店、景点、租赁等，可以
说是欧洲最方便的线上订购平台。同时英国铁路部门还专门开设了门户网
站，每年向用户提供火车线路、车站、旅客运输量、基础服务等方面的信
息。最后，欧洲实施数字化转型的主要目的是更好地服务旅客，引进 VR
等技术，旅客可以在模拟的环境中感受到逼真的景观、声音和互动，技术
的应用使得交旅产品更具有生动、有趣，极大地激发了旅客的兴趣和好奇
心，拓展了火车旅游的增长空间。

7.1.3.3　创新交旅产业融合模式

欧洲铁路通过与旅游景区、旅游饭店、旅行社、互联网平台等合作，建立了广泛的合作伙伴网络，通过"互利共赢、旅游资源共享、客源互送"等方式，形成一股巨大合力推动协同发展，创新了交旅产业融合新模式。在新模式下，游客可以通过线上或线下设置的网点，对到达目的地的车次信息、景点现状、景区注意事项、酒店信息、汽车租赁等信息进行查询。欧洲各个国家铁路正推动交通系统打包的联合运输服务，如挪威Nutshell套餐给予"火车+巴士+游览船"（Train+Bus+Cruise）的服务，旅客可以"一票制"享受多种交通工具的便利；瑞士的冰川快车之旅，可享受两晚的住宿，让旅客充分体验到瑞士壮丽的冰川景象；法国戴高乐机场可实现与铁路的便捷换乘系统，使旅客可以在不同方式之间轻松换乘，方便快捷地到达目的地。这种跨行业的合作发展模式为欧洲铁路和合作伙伴带来了互惠互利的机遇。同时，合作伙伴之间推出了折扣模式，又可以叫作优惠模式，旅客可以在合作伙伴间的产品和服务当中享受折扣优惠，从而达到既提高火车的附加价值又能使顾客满意的双重效果。以瑞士火车旅游的合作伙伴为例，在大型机场凭票可以免费搭乘火车、在线预订瑞士Budget酒店可享受10%的优惠折扣、瑞士微缩公园在正常价格上享受20%的优惠、导游陪同城市观光享受折扣以及高山列车和缆车均可享受50%的优惠折扣等。通过这些折扣优惠，旅客能够以更优惠的价格享受更多的旅行体验，增加了旅行的乐趣。

7.2　国内交旅产业融合发展路径的先进经验

7.2.1　河南交旅产业融合发展路径的先进经验

河南省简称豫，位于我国的中部，悠久的历史遗存了大量的文物古迹，地下和地上文物在全国名列前茅，盛产小麦、油菜等农作物，同时坐拥丰富的矿产资源，为河南的经济发展提供了重要支撑。河南省是全国的交通枢纽，近年来，着力打造公路、铁路、航空等快速交通网并取得显著成效，结合各地市旅游产业发挥快速交通的"引擎作用"，吸引更多游客愿意留在河南游玩，在一定程度上避免了"过道效应"。2022 年，河南省印发了《旅游网公路规划（2022—2023 年）》，规划指出以依托"一河三山"（黄河、太行山、伏牛山、大别山）打造 4 个一号旅游公路品牌，分别是"黄河古都"一号公路、"太行天路"一号公路、"生态伏牛"一号公路及"红色大别"一号公路，以不同的文化主题讲好河南故事，有力地支撑了"行走河南，读懂中国"文旅品牌的建设，使河南省成为中华文化传承创新孵化示范区。由此可见，河南在交旅产业融合发展方面具有较好的经验和手段，值得新疆进行借鉴和学习。通过深度分析和挖掘河南成功的经验，发现其成功离不开如下的措施："政府引导+市场主导"、调动各方积极性，完善交旅服务设施建设，运用"多元化个性化"的营销方式，这些举措使河南省交旅产业融合发展稳步向前，也能够给新疆交旅产业融合发展带来一定的启示。

7.2.1.1　"政府引导+市场主导"，调动各方积极性

首先，在推动交旅产业融合发展方面，河南省重视顶层设计和长远规划，2023 年，河南省人民政府为更好落实交旅产业融合的发展，根据2022 年提出的规划，出台了《关于加快推进旅游公路建设的实施意见》，为推动河南交旅产业融合发展提供了较强的制度助力。其次，鉴于交旅产业融合发展具有"跨部门、跨行业、跨区域"等特点，往往牵扯文化旅游、交通运输、土地资源、政府资金等多个部门，在交旅产业融合发展进程中会遇到协调沟通不畅、主动作为不足、要素整合难等问题；针对于此，河南省将责任交由省级层面下的各部门，并要求各部门之间进行紧密协作，完成对各项任务和计划的整体考虑和安排；通过这种统筹部署的方式可以确保各项工作相互配、形成合力，推动河南交旅产业的高质量融合发展。再次，在建设旅游公路评价体系上，河南参考了其他国家"旅游

公路设计"的经验，相关职能部门进行一系列可行性分析，因地制宜地提出了一套旅游公路评价体系；这一体系充分考虑了旅游公路的安全性、便捷性、景观性等因素，以确保旅游公路的建设顺应于当前发展要求。最后，河南通过鼓励本省大型企业和社会资本参与到交旅产业融合发展进程中等，通过打造多元化投资体系，制定良好的各类交旅发展投融资政策，激发市场主体内生动力。总的来讲，在整个交旅产业融合发展进程中，河南省人民政府起到了关键的引领作用，能够为交旅产业融合发展提供具体的目标和方向，并充分发挥市场机制的决定性作用，鼓励市场主体参与和创新，保障各方的平等对话，形成共享共治的新局面，推动河南交旅产业融合发展的进程。

7.2.1.2 完善交旅服务设施建设

在完善交旅设施上，河南省主要从"服务区+"、完善旅游服务设施功能、完善交通标识体系、完善电子信息服务设施建设四个发面推进。首先，河南依托高速公路旁区域特色，富集农产品、红色文化、地域文化于服务区，实现两者的有机融合，打造了一批综合旅游服务区，为游客提供了舒适宜人的休闲环境、个性化的购物体验以及丰富多彩的娱乐活动，这为游客带来了丰富多样的旅行体验，让游客在行程中尽享美好时光。其次，在公路和景区道路的重要节点，河南完善了游客咨询中心、物资补给站、观景台等服务设施的建设，为游客提供了便捷的服务。再次，为了提升游客在高速公路和景区道路上的便捷性和安全性，河南省遵循"统一规范制式、强化视觉识别"的原则，完善了高速公路和景区道路上的标识系统，合理设置限速标志、指路标志、禁令标志、服务设施标志、景点说明牌等，以确保游客能够快速辨别和理解旅游交通标识的含义。最后，完善电子信息服务设施建设，对于一些存在隐患点区域，河南省引入电子信息服务设施，通过视频采集或红外线技术对游客进行实时语音提醒，向游客提供必要的安全提示和警示，极大地降低了事故的风险，保障游客自身的安全；此外，电子信息服务设施还可以在紧急情况下提供求助功能，让游客在遭遇事故或困境时能够及时寻求帮助。

7.2.1.3　运用"多元化个性化"的营销方式

在中国旅游资源雄厚的大省有很多，如北京、湖南、青海等，这些省份都有自身得天独厚的旅游资源优势，坐拥丰富的历史文化资源，却不知如何展现其风采，尤其是在信息化爆炸和同质化严重的时代，想要出类拔萃更是难上加难，同样的境况也发生在河南省。面对如此境地，河南省在文旅产业、交旅产业的营销策略上打出了一套组合拳，其大体内容可以总结为"破"和"立"两个字。首先，河南省善于以文化破圈，打造超级IP。在2021年河南春晚上，《唐宫夜宴》被网友认为是牛年的"王炸"作品，以文化为主题，崭新的诠释手法，赢得了观众的喜爱，吸引了流量，在全国人民心中留下了深深的烙印。其次，河南省组建了一些交旅产业融合联盟，推动了景区、酒店、客运站等之间的战略合作，通过这样的联盟合作，实现了"资源共享、品牌互助和客户互通"，提升了整体效益和竞争力。最后，为了提升宣传效果、扩大覆盖面，河南省交旅经营主体充分利用了抖音、快手、小红书、微博等热门互联网平台的影响力和传播效应进行联合推广，构建了立体营销宣传体系；通过联手推广，将河南交旅产业融合的魅力传达给更广泛的群众，吸引更多游客到河南省旅游，促进河南交旅的共同发展。

7.2.2　山西交旅产业融合发展路径的先进经验

山西省简称晋，位于我国的华北地区，被称为"中国古代文化博物馆"，历史遗存众多，省内有古代文化遗产（云冈石窟、大同九龙壁）、建筑艺术（悬空寺、应县木塔）、书法艺术（隶书、楷书）等具有丰富的底蕴，是中华文明重要发祥地之一。山西省在绘就"交旅产业融合"发展新画卷上持续发力，有着首当其冲的魄力。俗话说："公路通，百业兴"。在"十三五"时期，山西省政府在"四好农村路"工作中稳中求进，特别是在黄河、长城、太行三个一号旅游公路建设成绩显著，该旅游公路规划的1.3万公里，目前已建成9797公里，实现了主线贯通，预计到2024年全面建成。2021年9月，山西省政府发布的"十四五"现代综合交通运输体系发展规划，该规划提出将打通交旅产业的边界、促进跨界融合发展。规划发行和实施的时间刚好是"十四五"的开端，由此可见山西省政府对"交旅产业融合"发展的重视，这为建设"服务人民、世界前列"的交旅强国做出巨大努力。同时，山西省发布了一系列标准制度，为其他省份建设旅游公路提供了参考意义。从制度完善和创新到全面开展融合发展试点任务成功的例子不一而足，聚焦打造黄河、长城、太行三大品牌为本省转型发展提供着力点。通过深度分析和挖掘山西省交旅产业融合发展成功的经验，发现其成功离不开如下的措施：推动体制机制创新、创新投融资方式、化解资金难题等，这些举措促进了山西省交旅产业融合高质量发展，也能够给新疆交旅产业融合发展带来一定的启示与借鉴。

7.2.2.1 推动交旅产业融合体制机制创新

推动体制机制创新是山西省促进交旅产业融合发展关键举措，为提升山西省交旅产业融合发展水平提供了坚实的后盾。首先，在完善交旅产业融合发展的协调机制方面，山西省交通运输厅与文化旅游厅共同搭建起了一个有效沟通、分工明确的网络体系，使各方可以共同探讨交旅产业融合发展的策略和方向，并针对交旅产业融合发展建立起了联合会商机制，相关部门能定期召开会议，共同探讨交旅产业融合发展中的难题。其次，在进一步健全旅游公路发展政策规划上，相继完善了《山西省黄河、长城、太行三个一号旅游公路规划纲要（2018—2025年）》《黄河、长城、太行三个一号旅游公路资金管理办法》，同时为旅游公路的设计和管理陆续出台了《旅游公路设计技术指南》《旅游公路管理办法》等制度，为山西省交旅产业融合发展奠定了制度基础。最后，在交旅的监督机制上，山西省政府也是打出组合拳推动机制创新；综合运用"双随机、一公开"联合监督、"数字化平台+监管"以及信用监管等途径，做到事前评估、事中事后监管；此外，山西省搭建起了以信用为根本的创新监管机制，通过对信用评级对各旅行社和客运企业做出科学评估，为有效监管和决策提供参考依据。总的来说，山西省在旅游公路协调机制、管理职能划分以及监督机制创新等方面，都做出了详细的规划，这确保了山西交旅产业融合发展工作稳中求进。

7.2.2.2 创新投融资方式，化解资金难题

交旅产业融合发展的过程中会面临资金缺口问题的巨大挑战。山西省着力筹建了三个一号公路，这些工程具有"时空跨度长、工程量大、耗资多"等特点，建设难度可想而知。针对此问题，山西省政府采取投资和社会融资相结合、创新金融工具等措施，有效推动了交通运输的投融资问题的解决。首先，为了有效管理资金的使用，山西省在出台的《三个一号旅游公路建设资金使用管理办法》中，明确指出该试点采用"政府投资+发行债券+县区自筹"方式进行融资。具体而言，省市两级政府将筹备约28%的资金，政府发行一般债券占比约为40%，剩下的约32%的资金将根据各县区情况进行多元化筹备，这种多元化的融资方式有助于分散风险，降低单一融资来源对项目资金的依赖。其次，为了增加可经营性现金流，部分市县通过合理使用热门景点门票收入、旅游公路服务区收入以及景点住宿餐饮收入等，为交旅产业融合发展提供充足的资金支持。最后，山西省及各地市通过地方债券、PPP（政府和社会资本合作模式）等方式进行招商引资，引进了社会资本参与，成功避免了资金不足的问题；通过公私合作，政府和社会资本可以通过风险共担和收益分享地机制，实现资源的最优配置，这种合作模式有利于提升交旅产业融合项目的可持续发展能力，推动了山西省区域旅游经济的繁荣。

7.2.3 四川交旅产业融合发展路径的先进经验

四川省简称川、蜀，省会是成都，位于我国的西南地区，地处青藏高原和川西高原交会处，地势起伏，地貌多样，被誉为"天府之国"，地理位置独特也形成了许多自然景观，如峨眉山、九寨沟、稻城亚丁等。在古代，四川是丝绸之路的重要节点，有着丰富的历史文化资源，如乐山大佛、都江堰、武侯祠等，展示了四川多彩的历史文化资源。四川也因其独特的美食文化而享受美誉，如麻辣火锅、水煮鱼、回锅肉等，以其麻辣味道和独特的调味风格而受到全国甚至国外游客的喜爱，"无辣不欢"这在四川人的饮食习惯当中可以说表现得淋漓尽致。凭借这些交旅资源优势，

四川交旅产业融合发展也走向了快车道。"十三五"期间，初期以"道路畅通"为主要目的，初步形成了一些交旅产业融合的作品。近年来，四川着力推进交旅产业融合发展，围绕九寨沟—黄龙、大熊猫、峨眉山—乐山等重点文旅品牌和红色遗迹遗存，打造特色交旅路线，推进"交通+旅游+文化"深层次融合发展。2023年1月，四川省政府颁布了《大峨眉交旅融合先行示范区建设方案》，是全国首个推进交旅产业融合示范区建设的实施方案，为全国交旅产业融合发展提供了参考范式。通过深度分析和挖掘四川省交旅产业融合发展成功的经验，发现其成功离不开如下的措施：突破区域限制、抱团形成合力，打造特色高速公路服务区，交旅智慧化建设等，这些举措促进了四川省交旅产业融合大繁荣大发展，也为新疆交旅产业融合发展提供较好的参考和借鉴。

7.2.3.1 突破区域限制，抱团形成合力

在过去，旅游区的发展主要是以各自经营为主，类似于"孤军奋战"的情况，每个区域都在努力发展自己的旅游资源。然而，随着交通网络的发展，区域抱团取暖已经成为旅游产业发展的新主流。四川在"区域抱团取暖"方面有着不错的举措，值得新疆借鉴与学习。2023年四川省推进建设的大峨眉先行区中，在峨眉山和洪雅两县（市）之间，打通景区间的双向通道，避免游客走"回头路"，打破了"一条独路上峨眉"的局面；以往两县（市）之间通行主要依赖农村道路，线路复杂且耗时长，现在这些道路已经转型为省道，并且严格遵循现有的公路标准修建，极大地保障了游客的安全，游客的出行也更加方便了；这种区域合作和资源整合的做法在交旅产业融合发展中具有较强的示范价值。此外，虽然两地景区在地理位置上非常接近，但在行政区划分上隶属于不同的县（市），其发展计划也被限制于划分的行政区内，在建设该示范区的推动下将两县（市）规范发展的决策交由省级部门统一推进，破解了发展中存在的桎梏和痛点，也是一种较好的融合发展经验。四川省率先推进大峨眉作为示范区，主要原因是大峨眉旅游区汇集丰富的旅游资源，该区域包含了四川省20%的5A级景区，旅游总收入约占全省旅游的1/5；通过推进大峨眉作

为示范区，形成了点、面、域全面发展的新态势，以"快进式"公路为载体，以"漫游式"旅游为目的，打破区域间的边界，将不同区域的文旅要素被有机地穿珠成链，大峨眉先行区成功实现了跨区域地联动互补，进而在整个四川省范围内形成了新的合力。这种示范区的推进对于四川省乃至中国旅游业的发展具有重要意义。

7.2.3.2　打造特色高速公路服务区

在古代，驿站是重要的交通枢纽，而现代则出现了主题服务区。一条路"盘活"一片地区，依托高速公路服务区，打造遗迹展示点、网红打卡地，是四川省交旅产业融合发展的一种全新探索，这推进了高速服务区的转型，从单一功能转变为拥有旅游、消费和生态等多重复合功能的高速服务区，牵引"游客下高速消费"和"居民进服务区工作"，以路衍经济（依托道路衍生出的新业态新经济）引领交旅产业融合发展，交旅经济和社会价值得到显著提高。2020年12月中旬，全国首个以"熊猫"主题高速公路在四川雅康高速天全服务区正式揭牌，该服务区紧邻318国道，不仅拥有熊猫元素，该服务区还包含了318国道的主题元素，憨态可掬的大熊猫迎来了八方游客。天全服务区经过改扩后，融入了更多的本地特色，比如茶马背夫文化、红军长征、水产、茶叶等，这些特色文化元素的融入与发展使得服务区形成多产业互通的环线，最终打造成一个大型的"吃住行游购娱"综合性服务区。天全服务区的发展也给当地带来了显著的就业和经济收入来源。据相关数据调查，天全服务区95%以上的职工都是当地人，服务区为当地人提供了稳定的就业机会和经济收入来源，减少了当地人的就业压力。此外，服务区在扩建和运营过程当中，涉及各种物资的采购，也为当地企业提供了商机，这为助力就业、助力地方经济、助推产业升级发挥重要作用，既满足了当地人民对美好生活的期望，又巩固了脱贫攻坚的成果，为地方经济的繁荣做出了积极贡献。四川省特色高速公司服务区的建设成效显著，能够为新疆后续的服务区建设提供参考和范式。

7.2.3.3 交旅智慧化建设

数字化赋能时代为四川省交旅产业融合发展提供了一个难得的契机，四川省的交旅智慧化建设走在全国的前列。首先，四川省在景区信息化基础设施上正在实现全面覆盖，推动全省旅游度假区实现信息发布、车辆监控、人流检测、安防监控等基础信息设施覆盖；通过先进信息系统和技术平台，旅游管理部门可以实施掌握各个景区的动态。同时，为了提升四川游客的旅游体验，在旅游公路、旅游厕所、停车场、景区内部设置智能引导系统；通过语音提醒、电子地图等方式，游客可以方便地获取实时的交旅信息，准确地到达目的地。其次，四川省逐步打造成全省一张网的数字化体系，交旅部门致力于实现全省交旅公共服务、宣传推广等方面的全面智慧化，他们计划完善创新的交旅治理模式，并建立起一套完善的数据库。通过这个数据库，景区信息和交通大数据将进行互通，从而构建起以大数据为导向的管理决策机制。这样一来，不仅可以更好地服务游客和交通运输行业，还能够提升旅游和交通的整体效益，并为未来的规划和决策提供更科学、更准确的依据。最后，借助交旅大数据平台，收集了年龄、性别、职业、消费水平等多维度信息可以实现更精准的旅客画像分析，深入了旅客的各项需求和偏好；根据这些分析结果，为四川旅游企业提供了个性化和差异化的服务，从而提升四川游客的满意度和重游意愿。同时，四川也借助大数据平台对当地的美食、美景等特色进行宣传，吸引更多游客来体验，进一步扩大了消费者市场。

7.3 国内外交旅产业融合发展路径对新疆的启示

通过分析国外交旅产业融合发展比较好的两个国家（美国和日本）和欧洲地区的先进经验，可以看出国外的这些融合发展路径的先进经验能够为新疆交旅产业融合发展的目标和路径设计提供较好的经验参考和重要借鉴。

　　具体来讲,美国交旅产业融合发展路径的先进经验:①塑造知名旅游品牌。②复兴沿线经济活力,形成新经济增长点。③实施"合作伙伴+"战略。美国的这些先进经验能够为新疆交旅产业融合发展在打造特色交旅产业融合产品、助力沿线经济发展、构建互利共赢的合作关系网络等方面提供参考依据和决策支持。日本交旅产业融合发展路径的先进经验:①推出公共交通通票售票方式。②大力创造公共交通出行乐趣。③通过公共交通串联与衔接区域旅游资源。日本的这些先进经验能够为新疆交旅产业融合发展在创新公共交通车票种类、融入地域文化特色,提高用户体验、有机整合公共交旅资源等方面提供较好的借鉴和重要启示。欧洲交旅产业融合发展路径的先进经验:①提供差异化交旅产品。②实施数字化转型战略。③创新交旅产业融合模式。欧洲的这些先进经验能够为新疆交旅产业融合发展在不断推出多样化的交旅产品、数字化赋能交旅产业融合、创新融合发展手段等方面提供充分的参考依据和决策支持。

　　通过分析国内交旅产业融合发展比较好的三个省份(河南、山西、四川)的先进经验,可以看出国内的这些融合发展路径的先进经验能够为新疆交旅产业融合发展的目标和路径设计提供较好的经验借鉴和参考依据。

　　具体来讲,河南省交旅产业融合发展路径的先进经验:①"政府引导+市场主导",调动各方积极性。②完善交旅服务设施建设。③运用"多元化个性化"的营销方式。河南省的这些先进经验能够为新疆交旅产业融合发展在政府引导下,发挥市场决定性的作用、完善交旅产业中的基础设施、提高交旅产品的影响力、知名度等方面提供较好的参考借鉴和重要启示。山西省交旅产业融合发展路径的先进经验:①推动体制机制创新。②创新投融资方式,化解资金难题。山西省的这些先进经验能够为新疆交旅产业融合发展在深化交旅产业管理体制机制改革、大数据赋能交旅产业、健全投融资体系等方面提供可以参考的现实经验和发展路径。四川省交旅产业融合发展路径的先进经验:①突破区域限制,抱团形成合力。

②打造特色高速公路服务区。③交旅智慧化建设。四川省的这些先进经验能够为新疆交旅产业融合发展在促进交旅产业的跨地域融合、推动交旅产业融合产品提质增效、深化交旅和科技的融合等方面给予极大的借鉴和启发意义。

综上可知，新疆需要不断吸取国内外交旅产业融合发展路径的先进经验，但一定要因地制宜，充分考虑新疆的特殊地理位置、文化，这样才解决新疆交旅产业融合发展存在的难点，不断提出真正解决问题的新理念、新思路、新办法，从而较好地设计出合理的交旅产业融合发展的路径和提出路径实施的对策建议及保障措施，认真贯彻"旅游兴疆"战略，实现两产业转型升级提质增效，最终推动新疆交旅产业融合的大繁荣大发展，逐步实现高质量发展的最终目标，吸引更多国内外的游客来新疆旅游，并推动新疆经济社会发展进一步提升。

第8章 新疆交旅产业融合发展的目标与路径设计

本章在分析新疆交旅产业融合发展存在的主要问题和制约因素的基础上，通过借鉴国内外交旅产业发达区域融合发展的先进经验，结合高质量发展的背景，提炼和归纳了新疆交旅产业融合发展的目标，围绕目标，从要素配置与支撑体系、市场主体与供给质量、产业结构与融合模式创新、体制机制与政策制度等层面，设计了四个主要路径，为新疆交旅产业的融合发展提供了明确的方向和有力的指引。

8.1 新疆交旅产业融合发展的目标

8.1.1 优化配置交旅产业资源要素

新疆交旅产业融合发展中面临的首要问题或制约因素：资源要素供给水平较低、优质资源要素较匮乏、资源要素配置效率低下，是导致新疆交旅产业融合发展程度较低的根本原因。因此，实现生产要素的有效配置，不断提升全要素生产力成为新疆交旅产业融合发展的首要目标。新疆应依据交旅产业融合发展的市场规律、市场规则和市场标准，推动交旅产业要素资源的优化配置,打破垄断行业的行政管制,强化市场机制的决定性作用,通过"看不见的手"对资本、人才、技术等资源要素进行高效配置;此外,应通过宏观调控、政策倾斜、管理创新等方式,不断提升新疆交旅产业的资源要素供给水平,从整体层面提高交旅产业全要素的效能,为新疆交旅产业转型升级和融合发展提供坚实的资源要素基础。

8.1.2　提高交旅产品供给质量与效率

新疆交旅产业融合发展中面临的第二个重要问题或制约因素:精品交旅产品供给较少、交旅产品品牌影响力较弱、供给质量较差等。而推动交旅产业融合发展,壮大交旅市场经营主体发展,提高交旅产品供给质量与效率,是实现新疆交旅产业高质量发展的必由之路。因此,提高交旅产品供给质量与效率是高质量发展背景下新疆交旅产业融合发展的核心目标。新疆在交旅产业融合发展进程中,应强化新疆交旅类企业的市场主体地位,鼓励新疆交旅类企业释放市场活力、激发市场潜能、提升产品创新创造力,不断增强有效供给能力,培育新疆交旅产业融合发展的新动能;此外,新疆还应着眼于质量和效益的提升,大力推进供给端的交旅产品创新,采取现代化、科技化、数字化等先进的经营运作方式,不断提升新疆交旅产品的供给质量和效率。

8.1.3　提升交旅产业规模层次,实现高质量发展

新疆交旅产业融合发展面临的第三个重要问题或制约因素:空间耦合程度不高、区域联动效应不显著、融合协调性差、配套服务体系待完善等。而大力推进交旅产业融合发展,调整新疆交旅产业结构,促进交旅产业结构转型升级,不断提升新疆交旅产业的发展规模和档次,是新疆交旅产业实现高质量发展的重要途径。因此,提升交旅产业规模层次、实现高质量发展是新疆交旅产业融合发展的最终目标。在高质量发展背景下,新疆应加快交旅产业结构优化升级,从调整产业区域结构、推动交旅产业转型升级、创新交旅产业融合模式进行着力,提升交旅产业的科技创新能

力，推动新疆交旅产业的高质量融合发展。

8.2　新疆交旅产业融合发展的路径设计

为促进新疆交旅产业融合发展目标的实现，本书结合前面的新疆交旅产业融合发展存在的一系列问题和主要制约因素，设计了四个关键的路径，其中，路径一：合理配置资源要素、构筑交旅产业融合支撑体系，主要匹配新疆交旅产业融合发展的首要目标：优化配置交旅产业资源要素；路径二：强化市场主体地位、推进交旅产品提质增效，主要匹配新疆交旅产业融合发展的核心目标：提高交旅产品供给质量与效率；路径三：加快产业结构调整、创新交旅产业融合发展模式，主要匹配新疆交旅产业融合发展的最终目标：提升交旅产业规模层次、实现高质量发展；路径四：完善产业政策体系、健全融合发展体制机制，和新疆交旅产业融合发展的首要目标、核心目标和最终目标均有关联，主要为新疆交旅产业融合发展目标的实现提供重要的制度保障。

8.2.1　路径一：合理配置资源要素、构筑交旅产业融合支撑体系

针对新疆交旅产业融合发展存在的这些问题："高端复合创新型人才匮乏、引人留人机制待优化""交旅产业融合资金缺口较大、多元融资体系不健全""交旅类企业创新能力偏弱"，剖析得出主要的制约因素：要素配置效率较低下、融合支撑体系不健全。为解决以上存在的问题，克服制约因素导致的交旅产业融合发展困境，促进新疆交旅产业融合发展首要目标的实现，新疆应选择的路径：合理配置资源要素、构筑交旅产业融合支撑体系。该路径的主要核心内容：新疆交旅产业融合发展进程中，应不断提升交旅产业资源要素供给水平，通过"重视复合创新式人才培养、搭建多元化投融资平台、加强区域技术创新投入"等措施，为新疆交旅

产业融合发展提供高标准的人才要素、资金要素和技术要素，并不断优化这些交旅产业资源要素的配置效率；同时，也为新疆交旅产业融合发展构筑坚实的人才支撑、资金支撑和技术支撑，形成完备的交旅产业融合发展支撑体系。该路径的实施为新疆交旅产业的转型升级和高质量融合发展提供了要素配置和融合发展支撑方面的新引擎。

8.2.2 路径二：强化市场主体地位、推进交旅产品提质增效

针对新疆交旅产业融合发展存在的这些问题："交旅类企业规模较小、辐射效应与创新能力偏弱""精品交旅产品供给较少""市场运作能力较差、交旅产品品牌影响力较弱"，剖析得出主要的制约因素：市场主体地位不突出，供给质量较差。为解决存在的以上问题，克服制约因素导致的交旅产业融合发展瓶颈，促进新疆交旅产业融合发展核心目标的实现，新疆应选择的路径：强化市场主体地位、推进交旅产品提质增效。该路径的核心内容：在交旅产业融合的进程中，新疆应强化企业的市场主体地位，坚持"强主体、增活力、壮规模、增数量"的原则，通过不断深化交旅类国有、国资企业改革、培育大型交旅类民营企业规模化发展、增加中小微交旅类企业数量等方式，构建符合交旅产业融合发展要求的多元市场主体格局；同时，充分发掘特色旅游资源，深度开发特色交旅产品，着力打造强势交旅品牌，促进新疆交旅产品的提质增效。该路径的实施，能够帮助新疆不断释放交旅类企业的市场活力，强化新疆交旅类经营组织的市场主体地位，为新疆交旅产业融合发展提供强大的企业载体；也能够促进新疆交旅类企业通过塑造强势交旅品牌和实施创新驱动战略，有效提升新疆交旅产品的供给质量和供给效率，继而推动新疆交旅产业的高质量融合发展。

8.2.3 路径三：加快产业结构调整、创新交旅产业融合发展模式

针对新疆交旅产业融合发展存在的这些问题："空间耦合程度不高、区域联动效应不显著""服务品质较差、交通通达性与舒适性待提升"

"基础设施建设薄弱、配套服务体系待完善""数字化智慧交旅平台待完善""交旅产业融合发展模式较单一",剖析得出主要的制约因素:结构协调性差,融合模式滞后。为解决存在的以上问题,克服制约因素导致的交旅产业融合发展瓶颈,促进新疆交旅产业融合发展最终目标的实现,新疆应选择的路径:加快产业结构调整,创新交旅产业融合发展模式。该路径的核心内容:在新疆交旅产业融合发展进程中,应把产业结构调整和融合模式优化作为重要的切入点,通过"加强顶层设计与规划、优化交旅产业结构布局,完善立体化'快速慢游'交通网络、筑牢交旅产业融合根基,充分运用现代数字科技,推动交旅产业转型升级,借鉴国内外先进融合经验,促进交旅产业融合模式创新"等措施,促进新疆交旅产业的结构布局优化、耦合协调发展、转型升级等。该路径将成为新疆交旅产业融合发展中进行"交旅产业结构优化、交旅产业区域协调发展、融合根基、转型升级"等改革的重要抓手。

8.2.4　路径四:完善产业政策体系、健全融合发展体制机制

针对新疆交旅产业融合发展存在的这些问题:"顶层设计与统筹规划相对落后、部门协调机制待优化""多元融资体系不健全""高端复合创新型人才匮乏、引人留人机制待优化""市场运作能力较差、交旅产品品牌影响力较弱",剖析得出主要的制约因素:体制机制不健全,融合政策体系不完善。为解决存在的以上问题,克服制约因素导致的交旅产业融合发展瓶颈,促进新疆交旅产业融合发展首要目标、核心目标与最终目标的实现,新疆应选择的路径:完善产业政策体系、健全融合发展体制机制。该路径的核心内容:在新疆交旅产业融合发展进程中,应不断完善融合发展体制机制建设,通过"推进行政管理体制改革、构建良好的融合制度环境,完善市场经济制度改革、强化市场机制的主导作用,推动财政税收制度改革、健全全方位政策扶持体系"等措施,推动新疆交旅产业融合发展的体制机制逐步优化、产业融合政策体系逐步完善。该路径将成为推动新疆交旅产业融合发展的重要制度保障。

第9章 促进新疆交旅产业融合发展路径实施的对策

本章在分析新疆交旅产业融合发展存在问题和制约因素的基础上，通过借鉴国内外交旅产业融合发展的先进经验，围绕第8章的新疆交旅产业融合发展的目标及路径设计，结合高质量发展的大背景，从要素升级与融合发展支撑、市场主体培育与供给质量提升、产业结构调整与融合模式创新、体制机制改革与政策制度完善四个层面，提出促进新疆交旅产业融合发展的对策建议，以期为新疆交旅产业的高质量发展和转型升级献计献策。

9.1 要素升级与融合发展支撑层面

9.1.1 重视复合式人才培养，为交旅产业融合发展提供人才支撑

针对高端复合创新型人才匮乏、引人留人机制待优化的问题，新疆应大力实施交旅产业人才培养工程，重视复合创新型人才的培养与引进，加强交旅产业人才队伍的建设与管理，不断提升交旅产业人才要素供给质量，为新疆交旅产业融合发展提供坚实的人才支撑。具体而言，新疆在交

旅产业人才供给方面，需要做到以下几点：①新疆应注重创意、技术、营销、经营和管理等多方面的交旅产业人才的储备，制定实用可行的人才培养方案，并不断完善人才引进、培训、评价、激励和流动等方面的机制，以营造良好的人才环境，促进交旅产业的深度融合。②新疆应积极探索与企业、高校、政府的合作培养模式，联合新疆大学、石河子大学、新疆财经大学、新疆农业大学等知名高校共建交旅产业融合实训基地和创业孵化中心，定期组织专业技术人员学习和培训，培养和打造高素质、高综合能力和业务水平的交旅产业人才队伍。③创新新疆交旅产业人才的考核方式，采用项目扶持、经验技能入股、股票期权、利润分成和现金奖励等手段，加大对新疆交旅产业融合人才的激励，鼓舞交旅产业人才发挥最大的能动性；并通过出台针对新疆交旅产业人才的税收、财政等方面的特殊优惠政策，形成良好的有利于人才干大事干成事的交旅产业融合发展环境。④新疆应推动高校、企业、研究机构和社会专业机构共同合作，探索交旅产业融合发展的新模式，吸引高端人才加入，搭建多样化的智库支撑系统。

9.1.2　搭建多元化投融资平台，为交旅产业融合发展提供资金支撑

针对交旅产业融合资金缺口较大、多元融资体系不健全的问题，新疆应积极统筹财政资金、国家开发银行资金、民营资本、社会资本等，搭建多元化投融资平台，为新疆交旅产业的融合发展提供充足的资金支撑。具体而言，新疆在交旅产业融合发展资金供给方面，应做到以下几点：①新疆应通过 PPP 融资、招商引资、股权融资等新型投融资方式，积极吸纳国有资本、民营资本、社会资本、海外资本、个体资本等，促进新疆交旅产业融合发展投融资主体的多元化，为新疆交旅产品或项目的推进提供重要助力。②新疆应通过组建产业投资、进行资源整合等方式来引导投资和盘活资产，并利用国家开发银行等专业化融资手段来支持新疆交旅项目开发和建设，以解决资金短缺的难题。③通过改制重组等方式，积极培育新疆交旅产业板块上市的资源储备，大力支持上规模、符合条件的新疆交旅

企业通过 IPO、兼并重组等方式在证券交易所进行上市融资，以推动新疆交旅产业的跨越式融合发展。④新疆应积极引导国有资本、社会资本和金融机构，通过共同出资的方式，设立新疆交旅产业投资引导基金、创业投资基金、创新风险基金等，按照"政府引导、市场运作、资金安全、风险可控"的原则，对新疆交旅企业推动融合发展进行资金的支持和政策的引导。

9.1.3 加强区域技术创新投入，为交旅产业融合发展提供技术支撑

综合国内外先进交旅产业融合发展区域的经验，科学技术是交旅产业融合发展的重要推动器，是第一生产力。针对要素配置效率较低下、融合支撑体系不健全等制约因素，新疆应积极部署创新驱动战略，加大区域科学技术创新方面的投入，为新疆交旅产业的融合发展提供厚实的技术支撑。具体而言，新疆在区域科学技术创新投入方面，应该做到以下几点：①新疆应强化与知名科技企业的合作，如华为、科大讯飞、腾讯、百度等，积极引入云计算、人工智能、VR、AR、3D 虚拟仿真技术等先进科学技术，注重前沿科技与交旅产品的融合，为新疆交旅产品的研究开发和创新设计提供较厚实的技术基础。②充分利用国家高新区、经济技术开发区、文旅产业园区等核心产业园区的优势，构建新疆交旅产业科技创新基地，大力扶持科技人员在交旅领域进行创新创业，为新疆交旅产业的融合发展提供充足的技术储备。③新疆需进一步加强大数据、云计算、人工智能等高新信息技术在文化场馆、旅游景区、高速服务区、旅游公路沿线的推广普及，培育新的交旅消费场景，打造新的交旅体验模式。④新疆需进一步提高高新电子信息技术的运用，并积极推动 5G 网络建设，实现 WiFi 全覆盖，将交旅资源数字化、智能化，利用沉浸式体验和新的融合内容，创新推出交旅产品，从而不断完善交通运输、旅游度假、文化产业等方面的体验内容，不断提高游客的获得感、幸福感和安全感。

9.2　市场主体培育与供给质量提升层面

9.2.1　大力培育新型经营主体，重点扶持示范性交旅企业

在新疆交旅产业融合发展进程中，经营主体作为交旅经济活动的主要参与者、就业机会的主要提供者、技术进步的主要推动者，扮演着极其重要的角色；对新疆交旅产业的转型升级、结构优化与高质量融合发展起着决定性作用。针对"交旅类企业规模较小""市场主体地位不突出"等问题或制约因素，新疆应借鉴国内外先进经验，大力培育多元化市场经营主体，应重点扶持或鼓励中小微交旅类企业的发展，逐步增强新疆交旅产业供给主体的总量，强化交旅产业整体的市场地位。具体而言，新疆应做到以下几点：①新疆应大力培育新型经营主体，集中力量培育自治区直属交旅类企业集团、大型民营交旅类企业，并壮大中小微交旅类企业，激发经营主体的发展潜能与主观能动性。②新疆要充分发挥行业组织作用，鼓励和支持各类旅游协会、交通协会、各级商会等交旅社会组织推动市场主体提升服务质量，可通过联合一些援疆地方政府举办"红色军垦""民族风情"为主题的交旅展览，吸引社会对新疆交旅产业融合的关注。③新疆应正确引导市场机制发挥作用，重点扶持一批"专、特、精"的中小型示范性交旅企业，围绕区域文化资源、交通优势、旅游特色，打造充满市场活力的新疆特色交旅产业圈与文旅产业圈。④新疆应出台"扶持中小微型企业发展"的专项政策，营造优良的交旅产业"创新、创意、创业"的制度环境，充分发挥新疆中小微型交旅类企业的灵活性强、创新行为活跃的特质，扶持有发展潜力的中小微交旅类企业在规模上做大做强。

9.2.2 支持大型龙头企业壮大，不断提升带头引领辐射效应

龙头企业、骨干企业、大型企业是交旅产业实现高质量融合发展的"主力军"，也是交旅产业市场经营主体的关键组成部分，对交旅产业融合发展发挥着核心作用。针对交旅类企业规模小、辐射与创新能力较差、市场地位不突出等问题或制约因素，新疆要大力支持大型龙头交旅类企业发展，充分发挥新疆龙头交旅类企业和大型骨干交旅类企业的引领、带头和辐射作用，为新疆交旅产业的融合发展提供关键的核心力量，促进新疆交旅产业的高质量发展。具体而言，新疆在交旅产业融合发展进程中，应做到以下几点：①自治区政府应当首先引导、支持具有带动作用的交旅类龙头企业，优化交旅产业的发展战略，为大型龙头企业提供一个良好的制度环境与政策环境，消除投融资障碍，扶持和鼓励乌鲁木齐交旅投资（集团）有限公司、新疆旅游投资管理有限公司等大型龙头化交旅类企业的规模化发展。②新疆应出台相关政策，促进龙头型交旅类企业不断进行产业链的延伸，充分发挥示范、引领与辐射作用，带动中小微交旅类企业的发展与壮大，以促进产业集群内部的协作与联动。③新疆应在协作效应的基础上，发展云演艺、云展览、旅游直播、旅游带货等新经济业态，打造具有竞争力的"多元化、立体化和链条化"的交旅产业集群。

9.2.3 充分发掘特色旅游资源，深度开发特色交旅产品

提升交旅产品的供给质量是推动交旅产业高质量融合发展的关键路径和重心。针对精品交旅产品供给较少、交旅产品品牌影响力较弱、供给质量较差等问题或制约因素，新疆应依托交旅资源禀赋，精心打造强势新疆交旅品牌，促进新疆交旅产品的提质增效，推动新疆交旅产业的高质量融合发展。具体来讲，新疆在后续的交旅产业融合发展进程中，要做到以下几点：①新疆应梳理蕴含着军垦文化、西域文化、丝路文化的故事素材、历史事件、有影响力的人物和独特的风土人情等，深入挖掘能够展现新疆人文底蕴和承载新疆故事的文化交旅资源，形成厚重的新疆交旅资源库，

为新疆交旅产品开发打下牢固的基础。②在借鉴新疆 S21（阿勒泰—乌鲁木齐高速公路）交旅产业融合示范项目、阜康服务区（西北地区唯一入选的交旅产业融合驿站项目）的成功经验的基础上，依托现有旅游发展格局，以各类风景道为载体，将沿线的山、水、城、村、美食、故事等元素有机融合，打造高品质的交旅产业融合示范工程项目，不断推出高质量的新疆交旅产品，提升新疆交旅产品的精品供给数量。③新疆应借助抖音、快手等新媒体营销的手段，对新疆交旅产品或交旅产业融合项目在互联网上开展大规模营销，不断提升新疆交旅产品的品牌知名度，并集合政府、企业、行业协会等多方的力量，联合打造交旅 IP 网红产品。

9.2.4 加强文化遗产保护，打造西部交旅振兴典范

新疆历史悠久、文化多元，拥有丰富的历史文化遗产资源，随着社会经济的发展和人们文化素质的提高，人们对于传统文化和历史文化的兴趣也越来越浓厚。旅游业是新疆经济的重要支柱产业，而文化遗产是旅游业的重要资源。加强文化遗产保护，可以提升旅游景区的品质，满足游客对于文化、历史的需求。同时，文化遗产保护也可以通过旅游业的发展，带动相关产业的发展，促进经济的增长。因此，为进一步加强新疆文化遗产资源的保护，打造西部交旅振兴典范之城，新疆应该做到以下几点：①加强文化遗产资源保护。加大对新疆文化遗产的保护力度，包括加强考古工作、修复古建筑、保护传统手工艺等。成立相关机构或部门，负责文化遗产保护工作的组织、协调和管理，制定科学合理的保护规划和政策，确保文化遗产得到妥善保护。②推动文化遗产与旅游融合发展。将文化遗产纳入旅游规划和开发中，通过在巴州楼兰故城、吐鲁番高昌古城等新疆著名古迹举办例如相关文化活动、展览、演出等方式，将文化遗产融入旅游体验中。同时，注重培育相关产业，如文化创意产品、旅游纪念品等，提升文化遗产的经济价值。③建设文化遗产保护示范区。如选取巴里坤草原、喀纳斯景区、苏公塔等具有代表性和较高保护价值的文化遗产区域，打造文化遗产保护示范区。在该区域内，加强文化遗产的保护工作，修复古建

筑、维护传统手工艺等，同时完善配套设施，提供游客接待和服务功能。通过示范区的建设和运营，向外界展示新疆在文化遗产保护方面的成果和经验。④加强国际交流与合作。积极参与国际文化遗产保护组织和项目，与其他国家或地区开展文化遗产保护的交流与合作。借鉴国际先进的保护经验和技术，共同研究解决文化遗产保护中的难题。通过国际交流与合作，提高新疆文化遗产保护的水平和影响力。⑤引导社会力量参与保护。积极引导社会各界参与文化遗产保护，营造关注和支持文化遗产保护的氛围。鼓励企业、公益组织、个人等各方面投入资金和资源，参与文化遗产保护项目的捐赠和赞助，提高社会对文化遗产保护的认识和重视度。

总体而言，加强文化遗产保护、打造西部振兴典范之城需要政府的引导和组织，同时也需要社会各界的广泛参与和支持。同时夯实非遗保护传承基础，完善非遗名录制度，继续完善传承人制度，对代表性传承人实施动态管理；推进非遗活态传承，推动新疆非遗传承振兴与创新，激发老字号非遗传承发展新活力；促进非遗展示传播，支持非遗展示中心、传承工作室等建设，持续拓展非遗展示空间。通过保护文化遗产、融合旅游发展，可以促进西部地区的经济发展和文化传承，提升新疆在国内外的影响力。

9.2.5 规范交旅深度融合，提升交旅管理综合水平

交旅密切相关，交通的便利性和质量直接影响旅游业的发展。通过规范交旅深度融合，可以提高交通服务质量，增强旅游目的地的可达性和便利性，吸引更多游客到新疆旅游，推动旅游业的发展。为进一步深入交旅产业融合，提升交旅管理水平，自治区政府可以从以下几点入手：

第一，健全交通服务设施旅游服务功能。具体可以做到以下几点：①提升高速公路服务设施的旅游功能，在高速公路沿线设置旅游服务区，提供停车、休息、餐饮等便利设施，并且增设旅游信息中心，为游客提供旅游咨询和导览服务。同时，在高速公路的出口设置指示牌和标识，引导游客前往旅游景点。完善普通公路旅游服务设施，对重要的旅游线路和景

点周边的普通公路进行改造和升级，提高道路的通行能力和安全性。在重要的旅游节点设置停车场、厕所、休息站等基础设施，方便游客的停留和休息。②促进铁路旅游产品转型升级，通过开发铁路旅游线路和推出特色的铁路旅游产品，提升铁路在旅游交通中的地位。例如，可以开通连接重要旅游城市和景点的旅游列车，提供舒适的车厢和优质的服务，吸引更多游客选择铁路出行。③打造精品公路旅游产品，针对新疆的地理特点和旅游资源，开发具有特色的公路旅游线路和产品。例如，可以推出搭载多元业态的旅游观光巴士，新体验主体环线旅游路线，让游客可以沿途欣赏不同的风景和感受不同的文化，沉浸式体验当地的烟火气息和慢节奏的生活。同时，加强景点之间的连接和交通配套设施建设，提高游客的便利度和旅游体验。发展低空飞行旅游产品，相比于陆上和水上旅游项目，离开大地的低空旅游项目，更加惊险刺激，也进一步扩展了旅游体验的边界。利用航空器、热气球等低空飞行工具，开展类似固定翼、运动类飞机、直升机、热气球"空中看新疆"项目，"直升机+旅游"观光体验，短途旅游专线，影视直升机专线以及旅游包机、高空跳伞体验等，形成"自然风光+影视景点"和"山河湖海+影视景点"的交旅产业融合产品体系。通过提供航空观光服务，游客可以俯瞰美丽的风景和景点，获得独特的旅游体验。同时，确保低空飞行旅游的安全性和环境友好性。

第二，提升疆内外旅游运输服务质量。具体可以做到以下几点：①提升旅游交通安全保障水平。加强交通安全管理，对来疆旅游车辆、导游等从业人员进行资格审查和培训，严格落实交通安全法规，加强交通违法行为的查处和处理力度。加强疆内道路、桥梁、隧道等交通设施的维护和改造，提高其安全性和通行能力，同时增加应急救援设备和人员。建立旅游交通信息化系统，通过互联网、手机 App 等方式发布旅游交通信息，包括路况、车辆位置、预警信息等，提供更全面、及时的服务。②积极推进游客联程联运。加强与周边地区的交通合作，与周边省份建立紧密的交通合作关系，推动旅游交通的联程联运，实现旅游目的地的无缝衔接。优化旅游线路规划，根据不同游客需求和旅游资源分布情况，制定更为合理的旅游线路规划，提高旅游线路的互通性和便利性。③加强旅游交通服务水平，提高旅游交通服务水平，包括车辆、导游、司机等从业人员的服务素质，为游客提供更好的旅游体验。

第三，加强交通枢纽旅游服务，提升旅游便捷性。为提升游客的旅游便捷性，我们应着重加强交通枢纽的旅游服务功能建设。一方面，完善交通枢纽的旅游咨询、票务预订等服务设施，为游客提供"一站式"服务。另一方面，优化交通网络布局，提升公共交通系统的覆盖率和运营效率，确保游客能够快速便捷地到达各个旅游景点。同时，加强交通枢纽与旅游景点的交通衔接，提供多样化的交通方式选择，满足游客个性化出行需求。此外，利用现代信息技术提升交通枢纽的智能化水平，为游客提供实时交通信息、导航服务等，进一步提升旅游的便捷性。通过这些措施的实施，将为游客带来更加顺畅、高效的旅游体验。

第四，强化交旅产业融合发展的监管。具体可以做到以下几点：①加强市场监管及信用体系建设。加强市场监管，建立健全旅游交通市场监管机制，加强对旅游交通企业和从业人员的监督检查，严厉打击违法违规行为，确保市场秩序良好。②完善信用体系，建立旅游交通企业和从业人员的信用评价体系，依托信用记录、评级等手段，对守法诚信企业和个人给予奖励和优惠政策，对失信行为进行约束和惩处。同时加强消费者权益保护，建立健全旅游交通消费者权益保护机制，加强对旅游交通服务质量的监督和投诉处理，保障疆内外游客的合法权益。

第五，发挥试点示范的引领作用。①选取示范区域，在新疆选择一些具有代表性的旅游交通融合试点区域，如伊犁州、乌鲁木齐、吐鲁番等地，通过政策支持和资源倾斜，打造示范区域，推动旅游交通融合发展。②给予示范区域更多的政策支持和激励措施，包括财税优惠、投资扶持、人才引进等，吸引更多的旅游交通企业和投资者参与。同时，及时总结示范区域的成功经验和做法，形成可复制、可推广的模式，推动其他地区加快旅游交通融合发展步伐。

9.2.6　创意结合现代媒体技术，融合创建新疆交旅品牌

数字媒体技术作为一种新的生产力和生产关系，大大加强了信息传播和反馈力度，从而推动了传统品牌传播的革新。交旅产业融合的品牌建设是推动新疆交旅产业融合发展的重要环节。通过创意结合现代数字媒体技术，创建新疆交旅产业融合特色品牌，不仅可以提升新疆的知名度和美誉度，吸引更多的游客和投资者，还能推动交旅产业的融合发展。因此，新疆交旅产业融合品牌建设可以从以下几点出发：①确定交旅产业融合的品牌定位和特色。新疆作为一个多民族、多文化的地区，具有丰富的自然景观和人文资源。可借鉴目前新疆已打造的"新疆是个好地方""坐着火车游新疆"等文旅融合品牌，进一步结合新疆交旅多链融合的要求，突出新疆的独特性、多样性和包容性，打造独具特色的交旅产业融合品牌形象。②加强品牌传播和宣传工作，提高新疆交旅品牌知名度和认可度。可以利用多种渠道和媒体，如报纸、电视、抖音、快手、小红书等传统媒体、社交媒体、互联网等方式开展宣传，借鉴现有新疆旅游自媒体博主的营销宣传方式，例如网红"维尼小熊"陈秀梅、"石榴熟了"团队成员"叨叨"——麦麦图尔荪·麦麦提力以及新疆伊犁"网红局长"贺娇龙。同时，组织各类新疆交旅特殊宣传活动，如特色旅游节、新疆交通文化展览、主题推广活动等，吸引更多的目标群体关注和参与。③注重提供优质的交旅服务体验。通过培训和提升从业人员的专业素质，加强服务标准和质量管理，提供安全、舒适、便捷的交旅服务。优质的服务体验将成为品牌建设的重要支撑。④加强与交旅产业融合相关行业和地区的合作与联动。可以与交通运输、酒店住宿、旅游景区等相关行业进行合作，推动资源共享、互利共赢。同时，可以与新疆周边地区和国家开展交流合作，拓展市场空间和品牌影响力。⑤挖掘和传承新疆的丰富文化资源，注重文化创意与旅游融合。通过开展文化活动、文化产品开发等方式，将新疆的文化元素融入交旅产业融合品牌建设中，提升品牌的独特性和文化内涵。

通过以上措施的实施，可以逐步塑造具有影响力和竞争力的交旅产业

融合品牌形象，提升新疆的知名度和美誉度，吸引更多的游客和投资者，推动新疆交旅产业融合发展迈上新的台阶。

9.3 产业结构调整与融合模式创新层面

9.3.1 加强顶层设计与规划，优化交旅产业结构布局

交旅产业区域结构是交旅产业结构的宏观表现，也是推动交旅产业融合发展的重要抓手。针对顶层设计与全域统筹规划相对落后、交旅的空间耦合程度不高、区域联动效应不显著、结构协调性差等问题或制约因素，新疆在交旅产业融合发展进程中，要不断强化顶层设计和全疆统筹规划，不断调整交旅产业区域结构布局，发挥区域联动效应，促进新疆交旅产业的高质量融合发展。具体来讲，新疆应做到以下几点：①新疆应秉持"全域旅游""高质量发展""融合发展"的理念，遵循交旅产业融合发展的相关规律，在借鉴国内外先进交旅产业融合经验的基础上，根据新疆的区情，采用系统的思维模式对新疆各地州市的交旅产业发展进行整体部署和顶层设计，促进交旅产业在各地州市的协调发展，摆脱区域发展不均衡的困境。②新疆应统筹全疆资源，在有效整合北疆便利的交通条件与旅游产业的基础上，重点提升新疆的交通运输条件，为新疆旅游资源的开发和建设提供必要的交通便利性，以达到提升新疆交旅产业融合发展程度与空间耦合程度的目的。③新疆应积极推动乌鲁木齐、伊犁、喀什、昌吉等交旅业较发达地区与其他地州市进行协同发展，通过共建旅游圈、共创旅游精品路线等方式，推动区域交旅产业的一体化发展，不断提升地州市间的联动效应，促进新疆交旅产业结构布局不断优化和升级。

9.3.2　完善立体化"快速慢游"交通网络，筑牢交旅产业融合根基

交通运输设施和交通网络体系是交旅产业融合发展的必要条件，在交旅产业融合进程中也发挥着重要的支撑作用。针对"交旅服务品质较差，交通通达性与舒适性待提升""交旅基础设施建设薄弱，配套服务体系待完善"等问题，新疆应大力优化交通运输网络体系，提升交通运输的通达性与舒适性，并不断完善配套服务体系，筑牢新疆交旅产业融合发展的根基。具体来讲，新疆在后续的交旅产业融合发展进程中，应做到以下几点：①新疆应加强交通运输基础设施的建设，优化交通运输资源的分配与布局，不断提升交通运输服务能力，并依托铁路、民航、高等级公路构建"快进"交旅网络，打通城市、旅游集散中心与景区之间的旅游通道，并逐步改善景区内外的交通便利性条件，优化精品交旅线路，增加游客到达目标景区的通达性与舒适性。②新疆应逐步完善交旅的配套设施建设，推进汽车客运站"旅游集散中心化"、公路服务区"驿站化"改造，实现交通枢纽、集散中心、路网节点、旅游景区间的无缝衔接，推动服务区向"吃住行游购娱"一体化转型升级。③新疆应强化现有公路的旅游化改造，构筑"慢游"交旅网络，提升公路旅游服务功能，高效整合公路沿线的生态资源、人文风情、军垦文化等，因地制宜地建设配套慢游设施，塑造具有复合功能的旅游目的地。④新疆应通过引导公路交旅资源的捆绑式运营，实现效益互补和资源共享；加强交旅规划衔接，优化交通网络布局，确保交通线路与旅游景区的无缝衔接。在城市建设中，注重交通设施与旅游设施的融合，提升公共交通服务质量，为游客提供更加便捷、舒适的出行体验。⑤新疆应注重新型旅游服务设施的建设，在自驾游营地、房车营地、游客集散中心、休憩驿站、观景平台等方面进行更多的资金投入，为实现"快进慢游"交旅体系提供必备的条件。

9.3.3　充分运用现代数字科技，推动交旅产业转型升级

将科学技术应用于交旅产业的优化升级，是促进交旅产业融合发展的

重要举措。针对"交旅服务品质较差，交通通达性与舒适性待提升""交旅信息共享能力较差，数字化智慧交旅平台待完善""创新能力偏弱"等问题，新疆应充分运用现代化的数字科学技术，推动交旅信息的共建共享，提升交旅产品的科技含量，实现交旅产业的转型升级。具体来讲，新疆在后续的交旅产业融合进程中，应做到以下几点：①新疆应积极探索、并尝试建立交旅等部门间的大数据共享中心，解决游客、景区、路网间的信息不对称问题，建设一体化的交旅公共信息服务体系，促进交旅大数据在提升客运服务品质、景区客流实时监测及预警调控、特色交旅产品开发等方面的大范围应用，为游客的智慧出行提供较好的平台服务。②在遵守政府相关产业技术政策的前提下，新疆应不断吸收、引进外来的高新技术，提高自身水平、扩大技术规模，并将科技优势应用到交旅产业的融合发展中，不断提升新疆交旅产品或交旅产业融合项目的科技含量，以保持市场竞争的优势。③新疆应该注重吸纳科技资源，推进特色交旅产业基地和科技产业园建设，提高产业集聚和创新发展能力，为地区的交旅产业的融合发展注入科技活力。④新疆应打造数字化智慧交旅平台，强化数据安全保障。新疆应积极打造数字化智慧交旅平台，通过整合交通、旅游、公安、气象等多部门数据资源，实现跨区域、跨行业的交旅信息共享。通过该平台，游客可以实时获取交通、天气、景点等旅游信息，进而很好地规划行程，享受个性化旅游服务。同时，新疆应充分利用大数据、云计算等技术手段，深入挖掘旅游数据价值，为政府决策和企业经营提供有力支持；在推进数字化智慧交旅平台建设的同时，也要高度重视数据安全问题。

9.3.4 借鉴国内外先进融合经验，促进交旅产业融合模式创新

创新融合发展模式是促进交旅产业融合发展的重要着力点和主要抓手。针对"交旅产业融合发展模式较单一""精品交旅产品供给较少""供给质量较差"等问题或制约因素，新疆应不断创新交旅产业的融合发展模式，推动融合模式的多元化、数字化发展，不断创新交旅产品或交旅产业融合项目，以达到促进交旅产业转型升级的目的。具体来讲，新疆在以后的交

旅产业融合发展进程中，应做到以下几点：①新疆应充分吸取国内外交旅产业融合的先进经验，秉承"宜融则融，能融尽融，以交促旅，以旅带交"的理念，结合新疆的区情和交旅资源禀赋，探索出具有新疆特色的交旅产业融合发展模式和路线。②在继续推动"路旅融合"模式的基础上，新疆应充分挖掘交旅产业融合方面的优势资源，探索"航旅融合""桥旅融合""水旅融合""新型服务区"等新型融合模式，打造一批新的交旅产品或交旅产业融合项目，不断吸引游客的关注和消费。③为提升旅游业的附加值和竞争力，新疆应积极推动旅游产业与交通沿线的农业、手工艺、文化创意等产业的深度融合；通过开发乡村旅游、体验式旅游、研学旅游、徒步旅游、露营旅游等新型旅游业态，为游客提供更加丰富多样、充满特色的交旅产业融合产品。④新疆应抓住数字经济时代的新趋势，重点打造数字交旅产业融合新模式，充分利用数字技术将新疆更多的交旅景观、特色自驾交通线路、星级旅游景区等交旅资源制作成短视频、营销文案、小红书笔记等，通过抖音、快手、小红书等新媒体平台进行全方位、立体化的宣传与推广，打造"云旅游"模式，继而带动游客的线下体验。

9.3.5　加快推进智慧旅游，持续促进交旅多链融合

智慧旅游的发展更关乎老百姓的获得感。智慧科技引入有助于提升游客的沉浸式体验感和获得旅游服务的便利程度，同时也有助于保障旅途安全。现阶段新疆旅游地智能化程度较低，除新疆乌鲁木齐市开展文旅云游的智慧旅游在线小程序服务外，其他州、市暂无较为系统的智慧旅游综合服务平台。同时，面对缺乏全面智慧化体验且辽阔疆域的新疆，旅程安全也成为游客选择新疆旅游的前提条件。因此，新疆应加速推进智慧旅游系统化、全面化，持续促进交旅多链融合，具体来说，应做到以下几点：①加快推进智慧旅游景区建设，推动实现新疆全旅游景区提供在线预约预订服务，在推进景区预约管理、流量监测、数字导览等智慧化综合服务基础上，全面提升服务质量。②规范引导智慧旅游公共服务平台建设发展，在为老年人等特殊群体保留线下服务的基础上，支持旅游公共服务平台开

发专门的应用程序和界面，优化使用体验。③加速培育新业态新模式。通过推动新疆全景区、博物馆等发展线上数字化体验产品，让文化和旅游资源借助数字技术"活起来"，丰富疆内外游客的消费选择。培育云旅游、云演艺、云娱乐、云直播、云展览等新业态，打造新疆旅游沉浸式体验新场景。④新疆应结合自身特点优势，在国家政策和发展战略的指引下，在交旅基础设施建设融合上不断先行试行，加强规划协同、部门协同、任务协同，形成交旅产业融合的政策体系与目标措施，探索交旅资源一体化融合规划开发，交通功能升级的交旅综合体，交通支撑的文旅目的地构建与文旅产品开发，交旅产业融合导向的土地综合发展等多样性交旅产业融合实践模式，不断促进"交通链、旅游链、服务链、产业链"多链融合，以"疆内环起来、进出疆快起来"为目标，提升新疆交旅产业融合的广度和深度，持续推进新疆交旅产业融合多链健康发展。

9.3.6 丰富交旅产业融合新内涵，承担文化传播新使命

《"十四五"旅游业发展规划》提出"以文塑旅、以旅彰文"的重要原则，以及"把文化内涵融入旅游业发展全过程"的高要求。结合新疆交旅产业融合发展具体情境，交旅深度融合将为旅游业高质量发展注入新动能。面对时代趋势，在新疆区域内统筹交旅产业建设，打造一批文化特色鲜明的国家级旅游休闲城市和街区、建设一批富有文化底蕴的世界级旅游景区和度假区、推进国家文化公园建设，已成为促进文旅融合发展的重要战略抓手。现阶段全国交旅产业融合已进入 3.0 时代，交通设施与文旅活动的融合度进一步增强，游客出行在路上，不再是单一停留在交通工具上看风景，而是有机会在交通沿线自由游览，能广泛、深入地体验交通沿线的自然人文景观，体验地方风土人情，享受各类设施的服务，感受社会经济发展的变化。因此，丰富新疆交旅产业融合新内涵，承担文化传播新使命越发重要，具体而言，应从以下几点入手：①加强文化遗产保护：新疆拥有悠久的历史和丰富多样的文化遗产，包括丝绸之路遗址、军垦文化、古城镇、传统手工艺等。在交旅产业融合过程中加大对新疆文化遗产

的保护力度，修复和维护历史建筑和古迹，发挥交旅产业融合的文化保护作用。②推动文化创意产业发展。新疆可以发展文化创意产业，将新疆传统文化元素与现代设计相结合，推出具有地方特色的文化产品和手工艺品。同时，鼓励创意设计师和艺术家以交旅产业融合为契机，在新疆创作，提升文化创意产业的影响力和竞争力。③促进旅游业发展。新疆拥有壮丽的自然风景和独特的民俗文化，可以通过交旅产业融合开发旅游线路和景点，吸引更多游客前往新疆旅游。同时，提升旅游服务水平，改善旅游基础设施，为游客提供更好的旅游体验。④加强文化交流与合作。积极开展国内外文化交流与合作，通过交旅深度融合，引进优秀的文化活动和演出，组织文化交流活动，增进不同地域、民族之间的了解和友谊。同时，鼓励新疆的文化机构和艺术团体参与国际文化交流，扩大新疆文化的影响力。⑤创新传媒宣传方式。利用现代传媒手段，如互联网、社交媒体等，选择交通工具站点媒介、车载电视、电子显示屏等投放旅游广告，广告的强制性大大弱化，易于被潜在旅游者所接受新疆的文化和旅游资源。同时，通过制作精美的宣传片、推出有趣的文化故事，向全国乃至全球传播新疆的丰富文化内涵，吸引更多人关注和了解新疆。

　　总之，通过加强文化遗产保护、发展文化创意产业、促进旅游业发展、加强文化交流与合作以及创新传媒宣传方式，可以丰富新疆的交旅产业融合新内涵，承担文化传播新使命，为新疆交旅产业融合的发展做出积极贡献。

9.4　体制机制改革层面

9.4.1　推进行政管理体制改革，构建良好的融合制度环境

推进行政管理体制改革能够为促进交旅产业融合发展提供重要的制度

保障。针对顶层设计与全域统筹规划相对落后、部门协调机制待优化、体制机制不健全等问题或制约因素，新疆在交旅产业融合发展进程中，应不断推进行政管理体制改革，塑造良好的融合制度环境，为交旅产业融合发展的长效运行提供坚实的制度基础。具体来讲，新疆应做到以下几点：①新疆应该在自治区层面（交通运输厅、文化和旅游厅）和地州市层面（交通运输局、文化和旅游局），完善协调与联动机制建设，促进两部门的沟通、协调与联动，共同推动交旅产业的融合发展。②新疆要加快交旅相关的行政管理部门的放管服改革，持续推动行政管理简政放权工作，对新疆交旅产业领域的各种程序审批、项目流程管控、准入壁垒等进行适度精简，深入推进新疆和各地州市的交旅行政审批制度标准化、规范化。③新疆应大力搭建政府门户网站、各地州市网上办事大厅、各地州市公共服务平台，在交旅产业领域大力推进"互联网+政务服务"工作，提高交旅产业领域的政务服务效率，第一时间解决新疆交旅类企业遇到的经营问题或投融资瓶颈等，为推动新疆交旅产业融合发展提供优质的政务服务。

9.4.2 完善市场经济制度改革，强化市场机制的主导作用

完善市场经济体系建设是推动交旅产业融合发展的重要保障，也是深化市场体制机制改革的重要组成部分，对塑造交旅产业综合竞争力具有决定性作用。针对交旅类企业规模小、市场运作能力差、市场主体地位不突出等问题或制约因素，新疆应充分发挥市场机制的决定性作用，强化市场的主体地位，为新疆交旅产业的融合发展提供坚实的现代市场经济体系保障。具体来讲，新疆需要做到以下几点：①新疆应健全交旅产业要素市场，促进人才、资金、技术等要素资源的创新供给，发挥市场"看不见的手"的作用，引导要素资源沿着供求关系自由有序流动，推动交旅产业要素资源的优化配置，为新疆交旅产业融合发展提供充足且良好的养分。②新疆应逐步完善交旅市场的准入和退出机制，不断完善新疆交旅类企业的现代企业制度建设，促进多元市场经营主体在交旅产业领域自主经营、公平竞争，强化新疆交旅类企业的市场主体地位，推动新疆交旅产业

的转型升级。③新疆应完善交旅产业市场的法规建设和信用体系建设，不断促进新疆交旅产业市场法治建设的规范化，并对新疆交旅产业市场主体的失信行为和伦理失德等进行约束，从而最终形成新疆交旅产业市场经济体系的制度保障。

9.4.3　推动财政税收制度改革，健全全方位政策扶持体系

深化财政税收制度改革、完善政策扶持体系建设是交旅产业融合发展重要的政策保障。针对顶层设计与全域统筹规划相对落后、融合政策体系不完善等问题或制约因素，新疆在后续交旅产业融合发展进程中，应不断深化交旅产业领域的财政税收制度改革，提供宽松的财政税收制度环境，并通过完善交旅产业融合政策体系，促进新疆交旅类市场经营主体的不断发展壮大。具体来讲，新疆需要做到以下几点：①新疆应在两部门协调联动的基础上，制定并出台一系列能够促进新疆交旅产业融合发展的发展规划、行动方案、优惠政策、配套措施等，构筑完善的交旅产业融合发展政策体系，为新疆交旅产业的高质量融合发展提供充足的制度保障。②新疆应结合各地州市的实际情况，从财税扶持、投融资渠道建设、知识产权保护、品牌宣传、人才培养与引进、创新创业孵化等方面出台一系列专项扶持政策，促进新疆交旅类企业转型升级和改革创新，促进新疆交旅的健康快速融合发展。③通过借鉴国内外的先进金融政策经验，新疆应出台专项政策驱动交旅类企业与银行等金融机构的合作，鼓励银行等金融机构围绕新疆交旅类企业和产业的需求，进行金融信贷产品的创新开发和设计，为新疆交旅类企业提供定制化的专属信贷产品，扩大新疆交旅类企业的金融扶持力度。

9.4.4　推动融合品牌宣传改革，创新交旅产品的传播机制

品牌是高质量发展的重要象征，加强品牌建设是满足人民美好生活需要的重要途径。将新疆交旅产业融合作为讲好新疆故事，传播新疆声音的重要渠道。大力发展入疆旅游，集中对外推出一批能代表新疆文化形象的

旅游产品。推动交旅与对外宣传部门的合作，将"走出去"和"请进来"相结合，进一步提高新疆交旅产业融合品牌宣传的实效性。为高质量推进交旅产业融合品牌建设工作，全面提升新疆交旅产业融合发展总体水平，提出具体建议如下：①强化品牌宣传。将新疆旅游作为讲好新疆故事、传播新疆声音的重要渠道，通过广告、宣传片、微博、微信等多种媒体平台，加大对新疆旅游目的地、景点、特色活动等的宣传力度，塑造新疆旅游品牌形象。②提供全方位旅游体验。重点发展一批能代表新疆文化形象的旅游产品，如"丝绸之路"文化遗址、民俗文化体验、自然景观等，注重打造具有独特特色和高品质的旅游项目。同时，注重提供优质服务，满足游客的需求，为游客提供全方位的旅游体验。③深化合作机制。推动交旅与对外宣传部门的合作，建立有效的沟通渠道和工作机制，共同策划推广活动。例如，与外交部门、文化部门等合作，组织文化交流活动、旅游推介会等，增强国际社会对新疆的了解和认知。④加强人才培养。加大对交旅产品开发和传播方面人才的培养力度，提高从业人员的专业素质和创新能力。设立相关培训机构、开展培训项目，提供专业的培训课程，培养一批具备国际视野和专业技能的交旅产品传播人才。⑤拓展国际市场。积极参与国际旅游展览、博览会等活动，开拓海外市场。与国际旅行社、媒体、平台建立合作关系，增加新疆旅游产品在国际市场上的曝光度。同时，加强对外宣传，吸引更多国外游客前来新疆旅游。

总的来说，通过强化品牌宣传、提供全方位旅游体验、深化合作机制、加强人才培养和拓展国际市场，可以推动新疆形象代表产品"走出去"，进一步提高新疆旅游的知名度和美誉度，为新疆交旅产业融合发展提供有力保障。

第 10 章　保障新疆交旅产业融合发展路径实施与对策执行的措施

本章在新疆交旅产业融合发展路径设计与促进新疆交旅产业融合发展对策的基础上，为切实推动新疆交旅产业融合发展的有序推进，从制度环境、资金保障、人才体系保障、组织实施保障、统计监管保障、资源保护机制等方面，提出了相应的保障措施，以期为新疆交旅产业融合高质量发展和转型升级提供坚实的保障制度和政策体系。

10.1　完善交旅基础设施，塑造融合发展环境氛围

为保障新疆交旅产业融合发展路径的实施，可以采取以下措施来完善交旅基础设施并塑造融合发展的环境氛围。①提升交通基础设施建设。加大对新疆的交通基础设施建设投入，包括道路、铁路、航空等方面的建设。特别是加强连接各旅游景点的交通网络，提高交通运输的便捷性和效率，使游客能够更加方便地到达各个目的地。②发展智慧交通系统。引入先进的信息技术，建设智慧交通系统，提供实时交通信息和导航服务，以减少交通拥堵和提高出行效率。同时，结合旅游需求，为游客提供个性化

的交通出行方案和服务。③建设旅游综合交通枢纽。在重要的旅游城市或景区周边，建设旅游综合交通枢纽，集中整合各类交通方式，如高铁、机场、公交等，方便游客的转换和接驳，提高旅游交通的便捷性和连通性。④加强旅游景区交通设施建设。在重要的旅游景区，加强对停车场、旅游大巴站点、观光电车等交通设施的建设，提供便捷的交通服务，方便游客的出行。⑤塑造良好的融合发展环境氛围。加强宣传推广，提高公众对交旅产业融合发展的认知度和支持度。鼓励旅游企业和交通运输企业开展合作，推动创新的交旅产业融合业态和产品，提升旅游体验和交通服务质量。

通过完善交旅基础设施和塑造融合发展的环境氛围，可以提升新疆交旅产业融合发展的水平和质量，吸引更多游客前往新疆旅游，促进旅游产业的发展，推动新疆经济社会的繁荣。

10.2　改善投融资条件，充实融合发展资金保障

健全全过程管理机制，政策力量是新疆交旅产业融合的重要动因，自治区政府在交通产业与旅游产业融合发展中扮演着重要的角色，对交旅产业融合发展具有重要的推动、引领作用。新疆交旅产业融合发展是促进旅游产业和交通运输产业协同发展的重要举措，可以为当地经济发展注入新的动力。在实施过程中，改善投融资条件，充实融合发展资金保障是非常关键的一项工作。具体而言，可以采取以下措施：①加大政府投资力度。政府要激发市场活力，在规划阶段通过搭建交旅产业发展平台、文化旅游产业园区、提供政策金融优惠等方式，引导交旅企业发展自主造血功能，做好交旅产业耦合发展的引导者，通过增加财政投入、设立专项基金等方式，提高对新疆交旅产业融合发展的资金支持力度。同时，政府还可以出台相关的税收优惠政策，吸引更多社会资本参与到项目中来。②推动金融机构加大对融合发展项目的信贷支持。可以通过建立专项信贷产品、优化

融资服务流程、降低融资成本等方式，鼓励金融机构加大对新疆交旅产业融合发展项目的信贷支持力度。③引导社会资本参与。政府可以通过招商引资、PPP 等方式，引导社会资本参与到新疆交旅产业融合发展项目中来。可以通过制定相关政策，为社会资本提供一定的优惠政策和支持，降低其参与门槛。④建立健全的融资机制。在新疆交旅产业融合发展项目中，可以建立多元化的融资机制，包括银行贷款、债券发行、股权融资等多种方式，以满足不同投资主体的需求。

改善投融资条件，充实融合发展资金保障是新疆交旅产业融合发展的重要保障措施，需要政府、金融机构和社会资本共同努力，建立起多元化的融资机制，为新疆交旅产业融合发展提供可持续的资金保障。

10.3　优化人才引进和培养，构建多层次人才体系保障

交旅产业融合发展需要具备相关专业知识和实践经验的人才支持，而新疆本地现阶段的交旅产业相关领域人才储备相对不足。另外，交旅产业融合涉及多个领域，需要不同层次、不同专业的人才协同合作。并且随着全球旅游市场的竞争加剧，新疆需要具备国际视野和竞争力的人才来推动交旅产业融合发展。

因此，优化人才引进和培养，构建多层次人才体系是新疆交旅产业融合发展的必然选择。同时，随着我国经济社会的快速发展，交旅产业融合发展也将成为全国范围内的重要战略方向，新疆的经验和做法也将对其他地区提供借鉴和参考。因此，为实现优化交旅产业融合相关人才引进和培养，构建多层次人才体系保障，新疆可以采取以下措施：①引进高层次人才。可以通过设立优厚的薪酬待遇、提供良好的工作环境和福利待遇等方式，吸引国内外高层次人才来新疆从事交旅产业融合发展相关工作。同

时，可以与新疆大学、石河子大学、交通运输部科学研究院等高校、科研机构等建立合作关系，共享资源，加强人才引进和培养。②积极培养本地人才。通过加强职业教育培训，提高本地人才的专业素质和技能水平。可以建立专门的培训机构，开设相关课程和培训项目，培养出更多具备交旅产业融合发展专业知识和实践经验的本地人才。③加强人才培养机制建设。建立健全的人才培养机制，包括制定相关政策和规划，提供奖学金、资助和岗位培训等支持，激励人才积极参与交旅产业融合发展。同时，建立评价和激励机制，鼓励人才在相关领域取得突出成果和贡献。④加强产学研结合。促进交旅产业融合发展相关企业、高校和科研机构之间的合作，加强产学研结合，共同开展技术研发和创新。可以建立科研项目合作机制，提供科研经费和技术支持，培养更多应用型人才。⑤加强国际交流与合作。通过开展国际交流与合作，引进国外先进的交旅产业融合发展经验和技术，培养具备国际视野和竞争力的人才。可以与国外高校、研究机构和企业建立合作关系，开展学术交流、人员互访和合作研究等活动。

通过以上措施，可以逐步构建起多层次的人才体系，满足新疆交旅产业融合发展对人才的需求，推动交旅产业融合领域的健康发展。同时，还需要政府、企业和高校等各方共同努力，形成合力，实现人才引进和培养的可持续发展。

10.4 改进组织实施机制，出台有效的激励措施保障

随着经济全球化和人民生活水平的提高，旅游业已成为全球最快速增长的产业之一。而新疆作为中国重要的旅游目的地之一，其旅游产业的发展潜力巨大。同时，随着新疆交通基础设施的不断完善，交旅产业融合发展的市场需求也越来越强烈。中国政府近年来加大了对新疆的支持力度，推动

新疆的经济社会发展。为进一步保障新疆交旅深度融合，改进组织实施机制，出台有效的激励措施显得尤为关键。因此，具体可以从以下几点出发：

第一，建立健全交旅协调机制，将旅游部际联席会议工作机制，拓展为交旅部际联席会议机制，协调各相关部门、企事业单位和研究机构之间的合作与沟通。促进信息共享、资源整合和政策协调，提高决策效率和推动力度。一方面，新疆的交通运输部门和旅游部门需要加强协作，建立促进交旅产业融合发展的重大问题协调推进机制，以形成分工明确、协同联动的工作机制。例如，可以成立新疆旅游工作协调小组，由各地、州、市政府主导，交通运输、文化、体育、教育、卫生等部门参与。协调小组将负责统筹规划、政策制定、资源整合等工作。同时，明确各部门的责任，加强沟通和协作。各部门要积极参与旅游工作，在根据自身职责的基础上，加强信息共享，形成合力。另一方面，新疆的跨部门统筹协调和综合监管也非常重要，需要及时开展工作调度和研究会商，推动解决新疆当地旅游业发展中的重点难点问题。此外，为了进一步推动新疆交旅产业融合的发展，还需要加强交旅产业融合政策协调配合，制定旅游发展规划，明确发展目标和重点任务。规划要充分考虑新疆交旅产业融合的特点，确保各项政策措施能够有效推动新疆旅游业的发展。同时还要完善旅游法规和标准体系，加强对旅游市场的监管，制定和完善相关法规和标准，规范新疆旅游市场秩序，保障疆内外游客的权益。

第二，制定明确的政策支持，自治区政府可以出台具体的政策措施，如给予旅游产业等相关融合产业税收优惠、提供财政资金支持、降低融资成本等，以吸引更多的投资和人才参与新疆交旅产业融合发展。同时，政府还可以加大对重点项目和示范区域的支持力度，为其提供更多的政策倾斜和资源保障。

第三，加强合理用地、旅游用地保障，优化土地利用结构，合理安排旅游用地。根据新疆旅游资源分布和新疆交旅业融合发展需求，合理规划旅游用地，确保旅游项目能够顺利实施。同时，加大旅游基础设施建设投入，提高旅游用地利用效率。新疆政府要加大对旅游基础设施建设的投入，提高旅游用地的利用效率，满足游客需求。并且不断推进旅游用地制度改革，简化审批流程。对旅游用地审批制度进行改革，简化审批流程，降低企业用地成本，提高用地效率。除此之外，还需要加强旅游用地保护，制定旅游用地保护政策，加强对旅游资源的保护，防止过度开发，确保新疆旅游业绿色、可持续发展。

第四，积极引入市场机制，鼓励市场主体积极参与新疆交旅产业融合发展，通过竞争机制来推动创新和进步。自治区政府可以提供公平竞争的市场环境，提高市场竞争的公平性和透明度，制定相关法规和政策，鼓励企业开展技术研发和创新，推动产业链的协同发展。

第五，建立有效激励机制，多方面设立奖励制度，对在交旅产业融合发展领域取得突出成绩和贡献的单位和个人给予奖励和荣誉称号。这样可以激发各方面的积极性和创造力，形成良好的竞争氛围。

第六，加强人才引进和培养激励措施，为引进和培养交旅产业融合发展领域的人才提供相应的激励政策，例如提供专项奖金、资助项目、科研经费等，同时建立评价和晋升机制，鼓励人才在该领域取得突出成果和贡献。

通过改进组织实施机制和出台有效的激励措施，不仅可以推动新疆交旅产业融合发展路径的顺利实施，并吸引更多的投资和人才参与其中，加快促进新疆交旅产业融合进步发展。

10.5 建立健全新疆旅游统计制度，健全旅游安全监管体系措施

随着新疆旅游产业的快速发展，为了更好地了解旅游市场情况、指导政策制定和资源配置，建立健全旅游统计制度是非常有必要的。旅游统计制度的建立可以帮助新疆旅游业提升竞争力。通过准确统计旅游人数、

收入、消费结构等数据，可以分析旅游市场需求，优化产品开发和市场推广策略，提高新疆旅游业的吸引力和竞争力。同时，旅游安全是旅游业发展的重要保障。建立健全旅游安全监管体系，加强对旅游活动的监管和管理，可以预防和应对旅游事故和安全事件，保障游客的人身安全和财产安全。旅游统计制度可以提供相关数据支持，为旅游安全监管提供依据。

因此，建立健全新疆旅游统计制度，健全旅游安全监管体系，新疆需要做到以下几点：

第一，建立完善的旅游统计指标体系，结合新疆交旅产业融合的特点，制定一套全面、科学、合理的旅游统计指标体系，包括旅游业的经济、社会、环境等方面的指标，以便全面了解新疆旅游业的发展状况。

第二，加强旅游统计数据采集和分析：建立健全旅游统计数据采集渠道，确保数据的真实性和准确性。对采集到的数据进行深入分析，挖掘新疆旅游业发展的规律和趋势，为交旅相关政策制定提供依据。

第三，定期发布旅游统计数据和报告，按照一定的周期，如季度、年度等，发布新疆旅游业的统计数据和分析报告，向社会公开透明地展示新疆旅游业的发展成果和存在问题，提高公众对旅游业的关注度和参与度。

第四，加强旅游统计人员培训和队伍建设，提高旅游统计人员的业务水平和素质，加强对其培训和考核，确保旅游统计数据的准确性和可靠性。同时，加强旅游统计队伍建设，吸引更多优秀人才投身旅游统计工作。

第五，利用现代信息技术提高旅游统计工作效率，运用大数据、云计算等现代信息技术手段，提高旅游统计工作的自动化、智能化水平，降低统计成本，提高工作效率。

第六，加强与疆内外旅游统计机构的交流与合作，积极参与国内各地旅游统计机构的会议交流，学习借鉴先进的旅游统计理念和方法，不断提高新疆旅游统计工作的水平和地区影响力。

第七，完善旅游统计法律法规和标准体系，制定和完善旅游统计相关的法律法规，明确旅游统计的职责、权限和程序，规范旅游统计行为。同时，建立健全旅游统计标准体系，确保旅游统计数据的可比性和可分析性。

第八，建立健全旅游安全监管体系，成立新疆旅游安全监管部门，负责旅游安全监管工作。可以设立专门的旅游安全管理局，或者在现有部门内设立专门负责旅游安全监管的职能，并且制定旅游安全监管法规和标准，结合新疆旅游业发展的实际情况，制定和完善旅游安全监管法规和标准，推动《新疆旅游公共服务保障条例》纳入立法范围，为旅游安全监管提供法律依据。同时，加强新疆旅游安全监管队伍建设。提高旅游安全监管人员的业务水平和执法能力，确保旅游安全监管工作的有效性。

第九，加强旅游安全风险防范，通过建立新疆旅游安全风险评估机制，定期对旅游景区、旅行社等旅游企业进行安全风险评估，发现安全隐患，及时采取措施进行整改。同时，加强旅游景区安全、交通安全管理，对旅游景区的安全设施、应急预案等进行全面检查，确保旅游景区具备安全保障能力，加强对旅游交通工具的安全检查，确保游客出行安全；同时，加强对旅游交通从业人员的培训和管理，提高其业务水平和服务质量。

第十，完善新疆旅游应急救援体系，通过建立旅游应急救援指挥中心，有效地组织、协调、指导旅游应急救援工作，确保在发生安全事故时能够迅速、有效地进行救援。同时，加强旅游应急救援队伍建设，组建专业的旅游应急救援队伍，提高应急救援能力；并加强与消防、医疗等部门的合作，形成应急救援合力，有预见性地制定旅游应急预案，根据新疆旅游景区的特点，制定有针对性的旅游应急预案，明确应急救援流程和责任分工，确保在发生安全事故时能够迅速启动应急预案，降低事故损失。

10.6　建立交旅资源开发和保护机制，统筹促进有效机制措施保障

　　新疆是我国重要的旅游目的地之一，具有得天独厚的自然风光和丰富的文化历史资源。为了推动交旅的融合发展，新疆需要建立交旅资源开发和保护机制，确保旅游业的可持续发展。具体来说，新疆应做到以下几点：

　　第一，积极推进交旅产业融合发展，选择一些具有潜力和特色的地区作为试点，这些地区应该拥有丰富的交通资源和潜在的旅游价值。例如，可以选择喀什古城、天山天池等历史悠久、自然风景优美或文化底蕴深厚的地方，开展交通资源开发利用试点，推出一批统筹交旅保护和开发的典型。

　　第二，积极发展交通博物馆旅游，鼓励交通干线创建新疆博物馆特色景区，通过开展"非遗+展演""非遗+文创""非遗+旅游""非遗+科技"等主题展示，充分利用交通的优势资源，打造独具特色的旅游景点。同时，还需要加强对博物馆特色景区的管理和保护，确保其可持续发展，建立博物馆开展旅游活动的激励机制，进一步推动博物馆延时开放，错时开放。

　　第三，积极推动非物质文化遗产进交旅景区、高速服务站度假区，在交旅景区和高速服务站度假区内开设专门的非物质文化遗产展示区，展示例如古琴艺术、柯尔克孜族民歌、塔吉克族乐器制作技艺等新疆传统技艺、表演、手工艺制作过程等。为游客提供了解和体验非物质文化遗产的机会，同时，出台支持新疆非遗传承人开辟旅游市场的政策，提供经济支持、减免税收、场地租金优惠等鼓励非遗传承人积极参与旅游业，并促进非物质文化遗产的传承和保护。

第四，以生态文化示范区为主要载体，探索新疆区域性非物质文化遗产和旅游利用的体制机制。选择如阿勒泰、克州等在生态环境和非物质文化遗产方面具有潜力和特色的地区作为生态文化示范区。成立专门的管理机构或委员会来负责生态文化示范区的规划、管理和运营。机构应由相关政府部门、专家学者、非物质文化遗产传承人、企事业单位等组成，形成多方参与、共同管理的机制。同时对生态文化示范区进行全面规划，明确非物质文化遗产的保护、传承和利用目标。制定相应的政策，支持非物质文化遗产项目的开发、推广和市场化运作。加大对生态文化示范区内非物质文化遗产的保护力度，包括传统技艺的传承培训、文化活动的组织、非遗项目的申报和认定等。同时，加强相关法律法规的制定和执行，确保非物质文化遗产的合法权益。充分挖掘生态文化示范区的旅游资源，设计和开发具有独特魅力的旅游线路和项目。通过旅游的方式，使游客深入了解和体验非物质文化遗产，提升其对新疆地区文化的认知和兴趣。同时，通过多种渠道进行生态文化示范区的宣传和推广，向国内外游客传达新疆文化独特的生态和文化价值。利用互联网、社交媒体、旅游展览等平台，提高生态文化示范区的知名度和影响力。

第五，创新红色旅游发展方式，着重推出一批新疆区域内反映改革开放中国特色社会主义建设成果的新型红色旅游点。通过深入挖掘新疆地区的历史资源，将其纳入红色旅游的范畴。例如，可以通过建设展示改革开放时期新疆地区经济、社会、文化等各个领域取得的成果和变化的博物馆和纪念馆，来展示中国特色社会主义建设的成功经验。这些场馆可以结合实物展示、互动体验、多媒体技术等手段，生动地展现新疆在改革开放过程中的发展历程和取得的成就。加强对新疆改革开放成果的教育和宣传工作，通过举办专题讲座、研讨会、文化活动等形式，向游客介绍新疆地区在经济、科技、教育、文化等方面的发展成就。同时，可以借助新闻媒体、互联网等渠道，推出相关报道和宣传片，提升公众对于新疆地区发展成果的认知度和兴趣。同时，创新红色旅游项目，注重体验式旅游。例如，可以开展参观新疆地区改革开放后建设的八一棉纺厂等兵团工业、重点企业、科研院所等活动，让游客亲身感受改革开放带来的产业发展和科技进步。此外，还可以组织农民体验现代农业生产的活动，让游客了解新疆在农业现代化方面的努力和成果。除了红色旅游景点，还可以开发其他与红色旅游相结合的旅游产品。例如，可以将红色旅游与自然风光、民俗文化等元素相结合，推出线路丰富、多样化的旅游产品，满足不同游客的需求。开发融合红色旅游和丝绸之路文化的线路，让游客在欣赏红色旅游景点的同时，也能领略到新疆的丝绸之路文化。与此同时，提升红色旅游点的服务质量和管理水平，为游客提供优质的旅游体验。培训从业人员的专业素养，加强景区管理和安全保障工作，提供便捷、舒适、安全的旅游环境。

第11章 结论与展望

11.1 主要研究结论

党的二十大报告提出"加快建设交通强国",推动交通发展由追求速度规模向更加注重质量效益转变,构建安全、便捷、高效、绿色、经济的现代化综合交通体系,旨在通过交通强国战略服务保障中国式现代化建设,这为交旅产业的融合发展提供了新方向、新思路。为加快交旅产业的融合进程,国家又先后出台了《交通强国建设纲要》《国家综合立体交通网规划纲要》《加快建设交通强国五年行动计划(2023—2027年)》《国务院办公厅关于促进全域旅游发展的指导意见》等重要文件,从国家战略层面为交旅产业融合发展提供了制度保障。本书重点测评了新疆交旅产业融合发展的水平,系统梳理与归纳了新疆交旅产业融合发展存在的主要问题和制约因素,并通过借鉴国内外交旅产业融合发展的先进经验,结合高质量发展的大背景,设计了新疆交旅产业融合发展的目标与具体路径,最终提出相应的对策建议与保障措施。具体来讲,本书的主要结论如下:

第一,论述了交旅产业融合发展的理论框架。本书梳理与归纳了交通运输产业、旅游产业、交旅产业融合的内涵,重点阐述了产业融合理论、耦合系统理论、产业关联理论、旅游系统理论、产业价值链理论、交通经济带理论的主要观点与核心内容，为新疆交旅产业的融合发展提供了理论框架。

第二，阐述了新疆交旅产业融合发展状况。本书从交通基础设施建设、现代交通运输体系构建等方面，对新疆交通运输发展状况进行了分析；从旅游产业规模、区域差异等方面对新疆旅游产业发展状况进行了分析；并进一步从政策规划融合、交通基础设施融合、运输服务融合等方面梳理了新疆交旅产业融合发展的具体状况。

第三，测评了新疆交旅产业融合发展的水平和时序变化。本书根据科学性、全面性、典型性与可操作性等原则，从交通产业绩效（铁路客运量、公路客运量等）、交通产业要素（铁路营业里程、公路里程等）、旅游产业绩效（国内旅游收入、国际旅游外汇收入等）、旅游产业要素（旅行社数量、星级宾馆数量等）四个方面，构建了新疆交旅产业融合发展评价指标体系，采集 2011~2020 年新疆交旅产业相关的数据，并采用熵值法与耦合测度模型对新疆交旅产业融合发展水平进行了科学测度；通过测评得出了新疆交旅产业的耦合协调度、协调等级、同步性指数、耦合类型，梳理了新疆交旅产业融合发展的具体成效，初步识别了新疆交旅产业融合发展的部分问题，如耦合协调水平较低、旅游产业发展滞后等。

第四，剖析了新疆交旅产业融合发展存在的问题与制约因素。本书采用问卷调查、文本资料分析、实地调研和结构化访谈等定性分析与定量分析相结合的方法，对新疆交旅产业融合发展进程中存在的主要问题进行了系统分析，归纳了主要制约因素：要素配置效率较低下，融合支撑体系不健全，市场主体地位不突出、交旅产品供给质量较差，结构协调性差，融合模式滞后，体制机制不健全、融合政策体系不完善；为新疆交旅产业融合发展的路径设计与对策建议提供较好的突破口和着眼点。

第五，对新疆交旅产业融合发展做了系统的 SWOT 分析。通过 SWOT 分析方法对新疆交旅产业融合发展的外部环境与内部资源条件进行了系统分析，得出了新疆交旅产业融合发展的机会、威胁、优势与劣势，能为新疆交旅产业高质量融合发展提供较好的切入点和着力点，也能为新疆交旅产业融合发展的路径设计和对策建议提供了具体的方向与思路。

第六，归纳了国内外交旅产业融合发展路径的先进经验。本书主要选取国外交旅产业融合发展最好的国家（美国、日本、欧洲地区等）和国内交旅产业融合发展领先的省份（河南省、山西省、四川省等），系统梳理了这些国家和省份交旅产业融合发展路径的先进经验和重要启示，为推动新疆交旅产业融合发展提供了较好的优化思路和路径借鉴。

第七，设计了高质量发展背景下新疆交旅产业融合发展的目标与具体路径。本书通过借鉴国内外先进经验，结合高质量发展的大背景，提炼和归纳了新疆交旅产业融合发展的目标，围绕目标，设计了四条主要路径。路径一：合理配置资源要素、构筑交旅产业融合支撑体系；路径二：强化市场主体地位、推进交旅产品提质增效；路径三：加快产业结构调整、创新交旅产业融合发展模式；路径四：完善产业政策体系、健全融合发展体制机制。这为高质量发展背景下的新疆交旅产业融合发展提供了明确的方向和有力的指引。

第八，提出了促进新疆交旅产业融合发展路径实施的对策建议。本书围绕设计的目标及路径，结合高质量发展的大背景，从要素升级与融合发展支撑、市场主体培育与供给质量提升、产业结构调整与融合模式创新、体制机制改革与政策制度完善等层面，提出了对策建议：重视复合式人才培养，为交旅产业融合发展提供人才支撑；搭建多元化投融资平台，为交旅产业融合发展提供资金支撑；加强区域技术创新投入，为交旅产业融合发展提供技术支撑；大力培育新型经营主体，重点扶持示范性交旅企业；支持大型龙头企业壮大，不断提升带头引领辐射效应；充分发掘特色旅游资源，深度开发特色交旅产品；创意结合现代媒体技术，融合创建新疆交旅品牌；加强顶层设计与规划，优化交旅产业结构布局；完善立体化"快速慢游"交通网络，筑牢交旅产业融合根基；充分运用现代数字科技，推动交旅产业转型升级；借鉴国内外先进融合经验，促进交旅产业融合模式创新；加快推进智慧旅游，持续促进交旅多链融合；丰富交旅产业融合新内涵，承担文化传播新使命；推进行政管理体制改革，构建良好的融合制度环境；完善市场经济制度改革，强化市场机制的主导作用；推动财政税收制度改革，健全全方位政策扶持体系；推动融合品牌宣传改革，创新交旅产品的传播机制；以期为新疆交旅高质量融合发展和转型升级献计献策。

第九，提出了保障新疆交旅产业融合发展路径实施与对策执行的措施。本书在新疆交旅产业融合发展路径设计与促进新疆交旅产业融合发展对策的基础上，为切实推动新疆交旅产业融合发展的有序推进，从制度环境、资金保障、人才体系保障、组织实施保障、统计监管保障、资源保护机制等方面，提出了完善交旅基础设施、塑造融合发展环境氛围，改善投融资条件、充实融合发展资金保障，优化人才引进和培养、构建多层次人才体系保障，改进组织实施机制、出台有效的激励措施保障，建立健全新疆旅游统计制度、健全旅游安全监管体系措施，建立交旅资源开发和保护机制、统筹促进有效机制措施保障等相应的保障措施，以期为新疆交旅产业融合高质量发展和转型升级提供坚实的保障制度和政策体系。

11.2　研究成果的学术价值和应用价值

11.2.1　研究成果的学术价值

本书有助于丰富和完善交旅产业融合发展研究的理论体系。本书在交旅产业融合发展一般理论的基础上，结合新疆交旅产业融合发展在功能、地缘区位和资源禀赋的特殊性，构建新疆交旅产业融合发展的理论框架，丰富和完善了交旅产业融合发展研究的理论体系，也为其他地区交旅产业融合发展提供了较好的研究参考。此外，本书也能丰富工商管理学科的分支旅游管理学科的研究内容与成果。

11.2.2　研究成果的应用价值

第一，为新疆交旅产业融合发展水平测度提供科学的测评体系。本书对新疆交旅产业融合发展状况进行深入调查，构建了新疆交旅产业融合发展评价指标体系及综合评价模型，对新疆交旅产业融合发展的水平程度与时空差异进行科学测评，为新疆交旅产业融合发展水平评估提供了科学测评体系，以便找出新疆交旅产业融合发展存在的问题与制约因素。

第二，为新疆交旅产业融合发展的规划与实施提供重要的决策参考。本书针对"问题与制约因素"，探寻高质量发展背景下新疆交旅产业融合发展的路径与对策，有助于科学定位新疆交旅产业融合发展的实施方向，有助于推进新疆交旅产业深度融合、转型升级和高质量发展，本书为国家、自治区和兵团制定相关政策提供重要依据，也能够为新疆交旅产业高质量融合发展与长远的科学规划提供相应的决策参考。

第三，为其他地区交旅产业融合发展提供新的路径借鉴。本书以新疆为研究对象，以地区特色为主线，重点探讨交旅产业融合问题，系统设计促进新疆交旅产业融合发展的路径，并提出促进路径实施的对策建议，能为我国其他地区交旅产业融合发展提供一定的路径借鉴。

11.3　不足与展望

由于笔者研究能力、学术视野与时间精力有限，本书存在诸多不足亟待深入研究：①由于部分地州市的交通运输指标数据不完整，导致新疆交旅产业融合发展的空间分异缺乏科学的测度。②选择的方法主要采用熵值法与耦合测度方法、比较研究法、访谈法等研究方法，缺乏详细的基于游客的问卷调查数据，方法有待进一步补充和完善。③评价主观性强，在对新疆交旅产业融合发展水平指标选取时，很大程度上依赖于专家的主观判断，指标体系还可以进一步完善。④新疆交旅产业融合发展的成效分析只针对了新疆整体情况，没有将各地州市的数据加进来，对各地州市的融合发展成效还不够全面。

在以后的研究中，将进一步完善新疆交旅产业的数据，并进一步整理各地州市的数据，做更加系统全面的新疆交旅产业融合发展的水平测评与成效分析。同时，要增加研究方法的多元性，从多个视角对新疆交旅产业融合发展的问题和制约因素进行系统分析，不断增强新疆交旅产业融合发展建议的科学性、可操作性与实践性。

参考文献

［1］白龙，路紫，高玉健，高伟．快速旅游通道影响下的区域旅游空间格局研究——以太行山高速为例［J］．公路交通科技，2021，38（03）：151-158.

［2］毕丽芳．区域旅游经济与交通业耦合协调发展的时空分异研究——以我国西南地区为例［J］．资源开发与市场，2017，33（08）：1001-1004+1020.

［3］毕丽芳，马耀峰．交通通达性与省域旅游经济的耦合协调度分析——以云南省为例［J］．西安财经学院学报，2013，26（01）：124-128.

［4］卞显红．旅游者目的地选择影响因素分析［J］．地理与地理信息科学，2003（06）：83-88.

［5］蔡鸿云，明庆忠，韩剑磊，贡小妹．中国城市航空交通关联网络对旅游经济发展的影响效应研究［J］．人文地理，2024，39（01）：142-152.

［6］柴寿升，张雪唱，单军．城市旅游化与交通资源协同发展水平测度及演化特征［J］．中国人口·资源与环境，2023，33（10）：175-186.

［7］陈毕新，鞠风波，陈小鸿．旅游交通规划"三步曲"的方法与实践——以宁波东钱湖地区为例［J］．交通运输工程与信息学报，2007（02）：37-43+56.

［8］陈方，李俊芳，戢晓峰．高铁对区域旅游交通可达性格局的影

响分析［J］.交通运输系统工程与信息，2016，16（04）：225-230+247.

［9］陈佳.大数据背景下武侯祠公共交通+旅游一体化规划研究［J］.物流工程与管理，2021，43（12）：85-86+75.

［10］陈庭宇，代聪，卢鹏.高质量发展背景下洪雅县交旅融合规划研究［J］.公路，2023，68（10）：226-233.

［11］陈晓，李悦铮.城市交旅协调发展定量评价——以大连市为例［J］.旅游学刊，2008，138（02）：60-64.

［12］陈奕凡.旅游流视角下新疆节假日旅游时空分布及影响因素研究［J］.邯郸学院学报，2023，33（02）：124-128.

［13］崔波，杨永丰，张孝帝.城市轨道交旅景区的空间关联性及其优化路径分析——以重庆市中心城区为例［J］.黑龙江科学，2024，15（05）：12-17+21.

［14］代娟.湖北"交通+旅游"产业融合发展的趋势研究［J］.当代经济，2019（05）：22-24.

［15］邓雨欣，张云.交旅融合背景下郑西高速尧栾段公路景观评价研究［J］.绿色科技，2021，23（17）：64-68.

［16］丁柯，葛炬.基于PSR模型的新疆旅游发展与交通运输产业耦合协调研究［J］.交通科技与经济，2021，23（01）：67-73.

［17］杜继新，巩新文，李君，袁梦阳.高铁开通对山东省旅游业发展影响研究［J］.合作经济与科技，2024（11）：41-43.

［18］樊学秀，刘文萍，江可申.民航运输对入境旅游经济的影响——基于异质性与空间溢出效应视角［J］.干旱区地理，2024，47（06）：1026-1035.

［19］冯璇.基于地域特色的公路交旅融合规划研究——以新疆G217巩乃斯至库车公路为例［J］.交通节能与环保，2023，19（01）：82-85+90.

［20］甘其芳，耿博闻.高速公路服务区旅游功能拓展规划设计［J］.天津建设科技，2022，32（04）：66-70+75.

［21］高峰．交通强国背景下扬州智慧交通研究［J］．广东交通职业技术学院学报，2021，20（03）：17-21．

［22］高嘉蔚，刘杰，吴睿，孙家振，艾犇．我国交旅融合发展政策研究与机制建议［J］．公路交通科技（应用技术版），2019，15（05）：313-316．

［23］高志刚，代晓敏，安红红，陈杰．"双循环"新发展格局背景下的新疆交通建设思考［J］．新疆大学学报（哲学·人文社会科学版），2021，49（06）：1-9．

［24］关宏志，邵洁，李亚茹，白洪岭．自驾车旅游交通需求的基础研究［J］．北京工业大学学报，2005（02）：151-154．

［25］郭菲菲，龚迪嘉，蒋刘婷．市域旅游列车助力交旅融合发展策略分析——以浙江省绍兴市为例［J］．安徽建筑，2023，30（06）：15-18．

［26］郭向阳，穆学青，丁正山，明庆忠．"交旅"融合下旅游效率与高速交通协调格局研究——以长三角41市为例［J］．地理研究，2021，40（04）：1042-1063．

［27］郭玥，冉江宇，戴彦欣，李宁，白颖．交通强国背景下交旅融合发展——以大同市为例［J］．综合运输，2021，43（07）：125-131．

［28］何吉成，徐雨晴，周铁军．旅游景区对城市轨道交通规划与设计的影响——以沈阳轨道交旅专线为例［J］．城市轨道交通研究，2011，14（03）：55-58．

［29］何潘，唐山翔，何燕琼，席欧，冯云雅，李晓龙．基于RMP理论的高速服务区交旅融合产品研究［J］．公路，2023，68（08）：271-274．

［30］何昭丽．乌鲁木齐市交旅协调发展定量评价研究［J］．特区经济，2013，289（02）：93-95．

［31］华双艳．基于旅游交通出行链的旅游轨道交通规划研究［J］．城市轨道交通研究，2021，24（08）：244-245．

［32］黄京，陈少鹏，黎艳平．沪昆高铁江西段开通对沿线城市旅游

产业集聚水平的影响［J］.内蒙古科技与经济，2022（16）：63-65.

　　［33］黄琳.交旅融合下的农村公路景观设计研究与创新实践——以福建平潭岚道为例［J］.江西建材，2023（06）：151-154.

　　［34］黄琳，金海龙，包瑞.新疆旅游交通现状及发展研究［J］.新疆师范大学学报（自然科学版），2008，66（01）：103-106.

　　［35］黄睿，黄震方，吕龙，于逢荷.基于感知视角的交旅融合发展影响因素与动力机制［J］.中国名城，2021，35（01）：9-17.

　　［36］黄睿，吕龙，黄震方，殷红卫，祝晔.公路交通对旅游地影响研究进展及"路学"视角的研究框架［J］.资源开发与市场，2021，37（12）：1505-1511.

　　［37］黄雯，焦天涵.基于高速公路交旅融合背景的景观设计研究——以G3W德州至上饶高速黄山段二期工程为例［J］.工程与建设，2023，37（05）：1439-1441+1449.

　　［38］黄晓杏，谭吉玉，余达锦.我国旅游业—科技创新—交通运输产业耦合协调研究——基于八大经济区的实证分析［J］.科技与经济，2021，34（04）：96-100.

　　［39］吉慧，卢松，祝玲丽等.安徽省旅游交通发展现状、存在问题及对策研究［J］.资源开发与市场，2010，26（07）：645-647+665.

　　［40］戢晓峰，黄海琴，陈方，李明骏，李静.国内外旅游交通研究热点与前沿趋势［J］.经济地理，2024，44（01）：209-220.

　　［41］江媛，高金金，周鑫，陆化普，卢春房.武夷山国家公园旅游交通发展策略［J］.北京工业大学学报，2021，47（02）：162-168.

　　［42］蒋小荣，董鑫，汪胜兰，张弢.汉江生态经济带交通网络可达性及其与旅游经济耦合研究［J］.湖北文理学院学报，2021，42（08）：13-20.

　　［43］蒋亚东，韩建民.交旅融合背景下高速公路旅游服务区发展研究［J］.西藏科技，2022（08）：26-30+46.

　　［44］阚如良，黄华，孔祥德，周军.交通业与旅游业的双向影响及

其应对策略——基于宜昌市区域交通变化的研究［J］. 资源开发与市场，2013，29（10）：1106-1109.

［45］康雷，杨兆萍，韩芳，刘彩彩. 多维视角下新疆非物质文化遗产资源旅游利用潜力评估［J］. 资源开发与市场，2023，39（10）：1364-1372.

［46］孔令章，李金叶. 高铁开通、网络中心性与旅游经济发展［J］. 产业经济研究，2021（05）：113-127.

［47］来逢波，程钰，耿聪. 交旅业融合发展：问题、机理与路径［J］. 山东社会科学，2020（04）：144-149.

［48］李彩凤，唐建伟，刘文娟，徐文霞. 公路交通与甘肃省旅游经济发展的互动关系——基于 VAR 模型的实证研究［J］. 科技经济市场，2024（01）：57-60.

［49］李广宏，胡媛. 交通方式对旅游效率的影响差异性评价及影响因素研究——以黄山市为例［J］. 大理大学学报，2022，7（07）：115-122.

［50］李华东，魏川，易小钰. 成渝高速铁路对区域旅游经济的影响实证研究［J］. 山西建筑，2023，49（24）：194-198.

［51］李磊，徐婷，王涵，张玉钧. 风景道的交通文化价值：挖掘、整合与重构——以哈密东天山风景道规划为例［J］. 公路交通科技，2020，37（S1）：96-102.

［52］李凌雁，翁钢民. 中国旅游与交通发展耦合性分析及时空格局演变研究［J］. 统计与决策，2020，36（02）：62-66.

［53］李娜. 国际视角下城市绿色交通体系发展路径探究［J］. 内蒙古公路与运输，2021（05）：52-54+58.

［54］李强. 长治市太行山大峡谷旅游轨道交通布局规划研究［J］. 铁道运输与经济，2019，41（03）：80-84.

［55］李天元. 试析旅游景点经营的基本特点及其对营销工作的影响［J］. 华侨大学学报（哲学社会科学版），2003（04）：48-53.

［56］李学工，杨贺. 现代港口物流产业组织的空间布局［J］. 水运

管理，2007（02）：9-13.

[57] 李智莉，黄远水.南京旅游与交通运输产业协调发展研究 [J].合作经济与科技，2021（14）：20-24.

[58] 林南枝，李天元，杜炜，徐红，李涛，王健.旅游市场探索五题 [J].旅游学刊，1992（02）：21-24+59.

[59] 蔺晔涵.基于土地适宜性评价的山地旅游综合体景观规划设计研究 [D].北京：北京林业大学，2021.

[60] 刘安乐，王成，杨承玥等.边疆山区旅游城市的交旅发展耦合关系——以丽江市为实证案例 [J].经济地理，2018，38（01）：196-203.

[61] 刘安，谭显峰，胡右喜，梁天闻.高速公路旅游主题型开放式服务区规划实践 [J].公路交通科技，2022，39（S2）：149-153.

[62] 刘呈艳.少数民族地区全域旅游发展探析——以西藏拉萨市为例 [J].黑龙江民族丛刊，2016（06）：72-76.

[63] 刘第秋.交旅融合视域下旅游文创设计人才培养路径探索——以重庆交大毕业设计教学为例 [J].装饰，2020（05）：130-131.

[64] 刘峰.旅游系统规划——一种旅游规划新思路 [J].地理学与国土研究，1999（01）：57-61.

[65] 刘宏芳，周晓琴，明庆忠，李华勇.云南旅游与交通融合发展回顾及趋势探讨 [J].资源开发与市场，2019，35（04）：578-584.

[66] 刘康，王坤.贵州省交通通达度与旅游经济联系强度耦合水平及其影响因素 [J].湖南师范大学自然科学学报，2022，45（04）：24-33.

[67] 刘蜀凤，李柏文.航空和邮轮旅游市场开发经验对铁路旅游的启示 [J].旅游学刊，2021，36（12）：6-8.

[68] 刘新梅，宋雅宁.新疆旅游业可持续发展研究 [J].合作经济与科技，2024（08）：8-11.

[69] 刘玉洁，摆佳乐.新疆沙漠旅游市场推进路径研究 [J].合作

经济与科技，2024（02）：45-47.

[70] 刘长俭，奚宽武，黄力，靳廉洁.中国交通+产业扶贫模式溯源、演变及展望 [J].科技导报，2020，38（19）：77-87.

[71] 卢鹏，代聪，陈庭宇.区域交旅融合发展规划框架及应用研究 [J].公路，2023，68（11）：218-227.

[72] 逯风暴，刘珊珊.新疆"快进慢游"交通格局加快形成 [N].新疆日报（汉），2023-12-08（001）.

[73] 罗海发.庐山风景区内景点交通可达性测度及优化设计 [D].南昌：江西科技师范大学，2022.

[74] 罗霄霞.山西省水路交旅开发融合发展研究——以黄河段水运交旅融合重点项目为例 [J].绿色科技，2022，24（06）：179-181+193.

[75] 马靖莲.旅游交通发展战略研究 [D].西安：长安大学，2009.

[76] 马世明.交旅融合背景下的旅游公路发展探析 [J].智能城市，2021，7（13）：28-29.

[77] 马文波，宋波.甘肃交旅融合项目新业态培育的思路研究 [J].运输经理世界，2023（36）：62-64.

[78] 马勇，唐海燕.交旅融合背景下高铁与旅游高质量协同发展研究 [J].旅游学刊，2021，36（12）：10-12.

[79] 满子谦，吴佳欣.舟山市水运交通业与旅游业耦合协调实证研究 [J].中国物流与采购，2023（20）：56-58.

[80] 米日阿依·艾尼，孙浩捷.乌鲁木齐旅游圈城市旅游一体化研究——基于现代交通条件下 [J].城市地理，2016（02）：38-39.

[81] 潘雷.乌昌两地客运交通贯通提升策略 [J].交通企业管理，2020，35（03）：74-76.

[82] 彭志敏，吴群琪.中国交通运输产业与旅游业融合态势的区域差异及空间格局演变 [J].技术经济，2017，36（12）：63-71.

[83] 邱巧，全利，李丽华.交旅融合背景下重庆特色高速公路服务区的主题建设研究 [J].公路，2021，66（10）：270-274.

［84］荣朝和．推进综合交通规划的方法创新［J］．综合运输，2010（01）：10-14．

［85］芮明杰．中国产业发展的挑战与思路［J］．复旦大学学报（社会科学版），2004（01）：56-63．

［86］商宁，曹开军．新疆景区交通可达性与旅游流空间耦合研究［J］．世界地理研究，1-16［2024-07-26］．

［87］邵海雁，靳诚，陆玉麒，杜家禛．长江经济带虚拟旅游流对高铁建设的响应格局及其驱动机理［J］．地理研究，2024，43（03）：791-808．

［88］石伟英，梁留科，王伟，彭东慧，龚续．沿黄九省区旅游资源空间结构及其交通可进入性评价［J］．河南大学学报（自然科学版），2024，54（02）：181-192．

［89］石燕，詹国辉．文旅融合高质量发展的指数建构、影响因素与提升策略——以江苏为例［J］．南京社会科学，2021（07）：165-172．

［90］史传芝．新疆探索"交旅融合"新模式［N］．乌鲁木齐晚报（汉），2023-07-01（006）．

［91］苏建军．山西省旅游绩效与资源优度和区位可达性的关系研究［J］．国土与自然资源研究，2012（05）：44-47．

［92］苏建军，孙根年，赵多平．交通巨变对中国旅游业发展的影响及地域类型划分［J］．旅游学刊，2012，27（06）：41-51．

［93］苏兴矩，丘礼球，丘仁科，饶敏君，曾祥锦，孔祥永．高速公路交旅融合主题服务区建设研究［J］．公路，2021，66（02）：244-249．

［94］孙连娇，明庆忠．旅游设施空间分布特征及其与旅游资源空间错位分析［J］．资源开发与市场，2024，40（04）：605-613．

［95］孙志超，方豪星．青岛市交旅产业融合发展路径探析［J］．交通企业管理，2023，38（05）：15-17．

［96］谈群．长江经济带陆路交通与文旅融合动态关系研究［J］．内蒙古科技与经济，2023（23）：12-17+31．

［97］谭珊．陕西省房地产业与旅游业的产业关联及协调发展研究［D］．西安：西安建筑科技大学，2018.

［98］唐烨．全域旅游视角下我国乡村旅游发展研究［J］．中国农业资源与区划，2017，38（07）：207-212.

［99］田良，申涛．海南省旅游业发展与交通运输系统关联研究［J］．海南大学学报（人文社会科学版），2009，27（04）：371-375.

［100］万红珍．交通基础设施、旅游业发展与经济增长的关系研究——基于 PVAR 模型对广东 21 市的实证分析［J］．五邑大学学报（社会科学版），2022，24（03）：50-53+68+93.

［101］汪丽，孙海文，温嘉琪，赵聿．西安市游客公共交通出行满意度的影响因素与路径组合［J］．经济地理，2021，41（07）：231-239.

［102］汪晓文，陈垚．西北地区交通基础设施与旅游经济增长的交互影响研究——基于 PVAR 模型的实证分析［J］．兰州大学学报（社会科学版），2020，48（04）：31-38.

［103］王超．重庆市旅游业与交通运输产业耦合协调发展研究［D］．重庆：重庆工商大学，2020.

［104］王超，雷婷，孟晓莎，樊建强．"交旅"融合下旅游经济与高速交通协调发展分析——以关中平原城市群为例［J］．干旱区地理，2024，47（06）：1015-1025.

［105］王丹竹．黔西南文化产业与旅游产业融合发展策略研究［J］．旅游纵览（下半月），2017（04）：81.

［106］王福和，闫承凯，赵国虎，衷平，张帆，张琛琛．基于交旅融合发展新需求的广西浦北至北流高速公路服务区建设探讨［J］．公路，2020，65（10）：237-244.

［107］王海燕，李向阳，麦麦提依明·马木提．喀什地区 A 级旅游景区空间格局演变研究——基于文旅融合背景下［J］．北方经贸，2023（08）：147-153.

［108］王海英，仲雪婷，陶犁．协调视角下京津冀地区交通与区域旅

游一体化发展研究［J］．资源开发与市场，2022，38（11）：1390-1400.

［109］王恒，李悦铮．大连市旅游资源空间结构分析与优化［J］．海洋开发与管理，2009，26（10）：62-65.

［110］王慧勇．景区旅游轨道交通客流预测分析［J］．西部交通科技，2022（01）：180-182.

［111］王慧勇．景区旅游轨道交通客流预测研究——以南平市延平湖景区空铁示范线为例［J］．工程技术研究，2021，6（19）：194-196.

［112］王姣娥，李涛．交通强国背景下中国交旅融合研究进展与展望［J］．中国生态旅游，2022，12（01）：1-15.

［113］王洁，刘亚萍．高速铁路与城市旅游发展研究——以武汉市武广高铁旅游发展为例［J］．资源开发与市场，2011，27（12）：1146-1149.

［114］王金月．基于交旅融合的智慧交通基础设施建设驱动逻辑［J］．产业创新研究，2023（16）：78-80.

［115］王晶英，田晓霞．基于交通对新疆旅游业影响的实证分析［J］．旅游纵览（下半月），2016（20）：125-126.

［116］王兰，刘杰．交旅融合发展规划目标体系研究［J］．公路，2021，66（03）：187-192.

［117］王萌萌，孔亚平，陈兵，顾晓锋．旅游公路概念、属性及分类［J］．公路，2019，64（03）：176-181.

［118］王庆云．以改革推进我国交通运输事业的发展［J］．综合运输，2003（01）：4-5.

［119］王彤彤，来逢波，续颖．交通基础设施对区域旅游经济的影响——基于2004-2018年旅游城市的面板数据［J］．综合运输，2021，43（07）：27-33.

［120］王永明，马耀峰．城市旅游经济与交通发展耦合协调度分析——以西安市为例［J］．陕西师范大学学报（自然科学版），2011，39（01）：86-90.

［121］王宇鹏，叶亮，胡山川，丛鑫，李晓亭．旅游公路规划设计

理论体系研究［J］.公路，2018，63（09）：222-225.

［122］王宇阳.广州市交旅融合发展的路径探析［J］.产业创新研究，2024（02）：76-78.

［123］王雨芹.交通通达度对地方旅游发展的影响——以信阳市为例［J］.西部旅游，2022（14）：39-41.

［124］王兆峰.旅游交通对西部旅游产业发展的影响研究［J］.财贸研究，2008，19（05）：147-148.

［125］王兆峰，王梓瑛.公路交通发展对旅游发展效率的时空影响——以长株潭城市群为例［J］.吉首大学学报（社会科学版），2020，41（05）：64-71.

［126］王兆峰，徐爱平.长江经济带旅游经济—交通网络—生态环境耦合评价及影响因素研究［J］.中南林业科技大学学报（社会科学版），2020，14（03）：96-103.

［127］王兆峰，张青松.公路交通网络与乡村旅游发展的耦合研究——以大湘西为例［J］.中南林业科技大学学报（社会科学版），2022，16（03）：79-88.

［128］韦蕊."5G网络+"背景下乡村旅游交通智能服务体系的优化研究［J］.信息与电脑（理论版），2021，33（12）：200-202.

［129］翁莉.旅游交通系统的体验优化配置［J］.桂林旅游高等专科学校学报，2008（03）：344-347.

［130］吴必虎.旅游系统：对旅游活动与旅游科学的一种解释［J］.旅游学刊，1998（01）：20-24.

［131］吴刚，陈兰芳，许岩石.旅游交通发展的目标研究［J］.综合运输，2003（04）：36-37.

［132］吴人韦.旅游系统的结构与功能［J］.城市规划汇刊，1999（06）：19-21+39-79.

［133］吴仁献，宗洁，李童斐，方芳，刘乾坤.大别山旅游风景区的自驾游通达性特征研究——以安徽六安市为例［J］.皖西学院学报，

2024，40（01）：30-35．

［134］奚星昊．公路交旅融合发展路径及策略研究［J］．中国储运，2024（04）：112-113．

［135］奚星昊．新疆公路交旅融合发展政策需求及实践研究［D］．西安：长安大学，2021．

［136］夏杰长，刘怡君．交旅融合高质量发展的内在逻辑与实施方略［J］．改革，2022（08）：111-122．

［137］夏远利．智慧旅游背景下大运河文化带旅游景区建设探析［J］．江苏建筑职业技术学院学报，2020，20（02）：87-90．

［138］鲜博，顾经纬．交旅融合视域下路、旅、产协同发展研究［J］．运输经理世界，2022，652（06）：164-166．

［139］谢永尊，雷会霞，郑雨溪，熊钰．基于国际游客历史足迹的新疆旅游交通发展策略探究［J］．中国公路，2021（13）：86-88．

［140］邢慧斌，沈楠．交旅融合背景下高速公路与旅游高质量协同发展研究［J］．大舞台，2022，381（06）：62-67．

［141］徐铭，李国良，严馨．高速公路服务区交旅融合发展思路探讨——以读书铺服务区为例［J］．企业改革与管理，2022（19）：168-170．

［142］许星晨．交旅融合背景下甘肃高速公路共享开放式服务区设计浅析——康略高速康县东服务区设计实践［J］．工程建设与设计，2022（14）：66-68．

［143］严琰．基于共享经济的旅游城市交通资源管理优化策略研究［J］．西部旅游，2022（13）：106-108．

［144］颜琪，谢元．交旅融合+乡村振兴融合发展之思考［J］．交通企业管理，2022，37（03）：37-40．

［145］演克武，陈瑾．长江三角洲区域风景道一体化建设推进机制研究［J］．江苏社会科学，2021（02）：224-231+244．

［146］阳瑞，石从地，康子群．高速公路投资新形势下的"交通+"模式探索［J］．交通科技与管理，2023，4（24）：155-157．

［147］杨典光．新疆维吾尔自治区公路交旅产业融合发展思路探讨［J］．交通建设与管理，2021（04）：84-85.

［148］杨环宇，武平．黑龙江省旅游交通网络发展评价和设想［J］．综合运输，1-9.

［149］杨利元，明庆忠，杨龙龙．云南省交旅经济系统耦合协调度研究［J］．曲靖师范学院学报，2018，37（06）：86-90.

［150］杨明华，洪卫，高燕梅．论交通经济带的一些基本问题［J］．重庆交通学院学报（社会科学版），2004（04）：15-18.

［151］杨瑞霞．黑龙江省农场旅游资源的开发构想［J］．商场现代化，2005（21）：176-177.

［152］杨治．论产业政策［J］．计划经济研究，1987（08）：49-55.

［153］杨仲元，徐建刚，林蔚．基于复杂适应系统理论的旅游地空间演化模式——以皖南旅游区为例［J］．地理学报，2016，71（06）：1059-1074.

［154］姚丽．景区内部交通综合功能评价研究［D］．金华：浙江师范大学，2021.

［155］姚新胜，罗霞，徐广印，曲建华．公路旅客运输运力配置现状及趋势分析［J］．公路与汽运，2010（01）：66-70.

［156］叶茂，王兆峰，谭勇．湘西地区交旅发展的耦合协调特征与效应［J］．经济地理，2020，40（08）：138-144.

［157］易慧．湖南省文化产业与旅游产业融合发展研究［D］．长沙：湖南师范大学，2022.

［158］殷平，何赢，袁园．城际高铁背景下区域旅游产业的深度融合发展［J］．新视野，2016（01）：81-85+100.

［159］尹璐．高铁对沿线旅游目的地空间结构的影响——以成渝高铁为例［J］．中国统计，2017（11）：40-43.

［160］于秋阳，杨斯涵．高速铁路对节点城市旅游业发展的影响研究——以西安市为例［J］．人文地理，2014，29（05）：142-148.

［161］袁媛，周剑云，程序，罗斌，贺璟寰．柳州市全域旅游发展规划探析［J］．规划师，2022，38（12）：161-168.

［162］曾鹏，曹冬勤．西南民族地区高速公路交通量与特色旅游小城镇慢旅游模式协同研究［J］．数理统计与管理，2018，37（05）：761-777.

［163］曾宪堂，严宏伟．海南省环岛旅游公路交旅融合与智慧提升设计探讨［J］．公路，2021，66（07）：382-387.

［164］詹斌，苏健，张艳秋．高质量发展背景下交旅融合优度的评价研究［J］．公路，2022，67（03）：211-217.

［165］张帆，杨柳，衷平，周玉松．江西祁婺高速公路交旅融合发展探索与实践［J］．公路，2020，65（05）：198-202.

［166］张广海，贾海威．江苏省交通优势度与旅游产业发展水平空间耦合分析［J］．南京师范大学学报（自然科学版），2013，36（03）：139-144.

［167］张广胜，马也，王宇等．交旅融合背景下四川藏区高速公路服务区发展思考［J］．交通企业管理，2023，38（01）：31-34.

［168］张海．基于"运游结合"模式下的旅游直通车发展研究——以西安市为例［J］．交通企业管理，2022，37（05）：27-30.

［169］张辉．高速铁路发展对旅游业的影响及江西旅游业适应性对策分析［J］．改革与战略，2011，27（07）：157-159.

［170］张建春，陆林．芜湖长江大桥与安徽旅游交通条件的改善［J］．人文地理，2002（04）：75-79.

［171］张金凤，王晶英．民族地区夜间旅游满意度影响因素与提升对策——以新疆国际大巴扎景区为例［J］．市场论坛，2023（09）：18-24.

［172］张敬凯，林强，刘晓鹏．关于"一带一路"背景下新疆交通运输可持续发展的思考［J］．交通运输部管理干部学院学报，2021，31（03）：13-16.

［173］张俊杰，牟鹏，艾乔，温泉，罗融融．交旅融合背景下高速公路服务区景观设计［J］．公路，2021，66（08）：262-267.

［174］张莉，李陶．现代商业理念与"非遗"旅游开发中的难题——以大坝高装开发面临的资源成本难题为例［J］．西部皮革，2022，44（03）：94-96.

［175］张伟伟，赵忠君，阎友兵．湖南省土地利用、交通发展、旅游经济协调时空演化特征研究［J］．国土与自然资源研究，2021（05）：81-87.

［176］张伟，殷瑞阳，战莹，张旭方．西部地区民航运输与旅游业发展的互动关系［J］．地理科学，2023，43（10）：1774-1782.

［177］张兴毅．山西沿黄地区交通高质量发展路径研究［J］．经济师，2022（08）：108-109.

［178］张旭，张时智，涂静宇．交旅的融合发展及规划应对［J］．综合运输，2017，39（06）：28-32.

［179］张莹，王飞，王志博．新疆滑雪旅游服务实践经验与优化路向［J］．体育文化导刊，2024（01）：91-96+110.

［180］张玉蓉，宋波，樊信友．川藏公路生态与文化遗产旅游廊道空间体系研究［J］．公路，2021，66（03）：249-253.

［181］张郁，高天宇．"大数据+旅游交通"融合发展下山西旅游业态创新路径探索——以文化事业单位为例［J］．山西财税，2022（08）：41-43.

［182］赵玲．高速公路"服务区+旅游"融合发展模式研究［J］．产业创新研究，2023，109（08）：86-88.

［183］赵盼盼，吕文佼，杨崇美，赵丽初．区域交通运输发展对旅游经济的影响研究——以华南地区为例［J］．商展经济，2024（05）：54-58.

［184］赵伟，周城．基于DEA的交旅发展适应性分析［J］．中国公路，2023（23）：109-111.

［185］赵现红，方相林，陈佩佩．河南旅游交通发展战略研究［J］．安阳师范学院学报，2007（02）：93-96.

［186］郑晨，彭小涛．乌鲁木齐国际机场枢纽综合交通规划方案简介［J］．城市道桥与防洪，2018（02）：6-10+197

［187］郑涛，何玉婷．交旅融合背景下重庆美丽农村路品牌塑造与推广研究［J］．公路，2022，67（02）：201-205．

［188］郑涛，王铭潞，何玉婷．交旅融合视角下重庆"山水之城"步道建设策略研究［J］．公路，2023，68（03）：300-305．

［189］郑治伟．京津冀旅游经济联系与旅游空间结构的再构建——基于旅游交通融合的视角［J］．经济研究参考，2017（62）：10-18．

［190］周慧玲，蒋亚军．旅游吸引力与交通可达性的相互影响及空间溢出［J］．东华理工大学学报（社会科学版），2021，40（06）：559-565．

［191］周明助．绩溪县交旅融合发展模式的思考与探索［J］．中国公路，2023（24）：56-59．

［192］周盛，江二中，张帆，衷平，李伟，杨柳．高速公路旅游融合开发与经营模式研究［J］．公路，2020，65（08）：281-287．

［193］周韦世，姚阳，张俊杰等．交旅融合模式下的高速服务区设计探析［J］．现代园艺，2023，46（07）：151-154．

［194］周伟梁．碳排放视角下新疆旅游业绿色发展效率及其时空分异规律研究［J］．中外能源，2023，28（12）：7-15．

［195］周伟梁，赵霞，李志伟．新疆红色既民族团结旅游景点时空分布特征及交通可达性分析［J］．江苏商论，2024（03）：33-38+43．

［196］朱春生，员兰．新疆旅游公路交通发展现状分析及规划布局研究［J］．公路交通科技（应用技术版），2018，14（12）：266-269．

［197］朱竑，谢涤湘，刘迎华．青藏铁路对西藏旅游业可持续发展的影响及其对策［J］．经济地理，2005（06）：910-914．

［198］朱丽，刘人怀，张永安，傅云新，文彤．广州旅游交通现状分析研究［J］．社会科学家，2007（06）：124-127．

［199］朱寅健．环鄱阳湖区域交通网络通达性与旅游一体化发展

[J]. 长江流域资源与环境，2019，28（04）：853-862.

[200] 邹海波，吴群琪. 交通运输方式协调发展的状态评价 [J]. 交通运输工程学报，2007（06）：113-118.

[201] 邹统钎，江璐虹，郭晓霞. 旅游枢纽理论与实践研究综述 [J]. 资源科学，2016，38（06）：1003-1012.

[202] Benson D, Whitehead, G. Transport and distribution [M]. Harlow：Longman, 1985.

[203] Bieger T, Wittmer A. Air Transport and Tourism—Perspectives and Challenges for Destinations, Airlines and Governments [J]. Journal of Air Transport Management, 2006, 12（01）：40-46.

[204] Bruce Prideaux. The Role of the Transport System in Destination Development [J]. Tourism Management, 2000（01）：153-162.

[205] Crouch, Geoffrey, I. The Study of International Tourism Demand：A Review of Findings. [J]. Journal of Travel Research, 1994（02）：181-186.

[206] Derek R. Hall. Conceptualising Tourism Transport：Inequality and Externality Issues [J]. Journal of Transport Geography, 1999（03）：128-140.

[207] Fageda, Xavier, Albalate, et al. High Speed Rail and Tourism：Empirical Evidence from Spain [J]. Transportation Research Part A Policy & Practice, 2016（02）：211-220.

[208] Francesca Pagliara, Andrea La Pietra, Juan Gomez, José Manuel Vassallo. High Speed Rail and the Tourism Market：Evidence from the Madrid Case Study [J]. Transport Policy, 2015（02）：156-165.

[209] Jose Angel Hernandez Luis. The Role of Inter Island Air Transport in the a Nary Islands [J]. Journal of Transport Geography, 2004, 12（03）：235-244.

[210] Karen Thompson, Peter Schofield. An Investigation of the Relationship between Public Transport Performance and Destination Satisfaction [J]. Journal of Transport Geography, 2006（02）：15-40.

［211］ Moscardo G. Exploring Social Representations of Tourism Planning: Issues for Governance ［J］. Journal of Sustainable Tourism, 2011（03）: 148-165.

［212］ Pagliara F, La Pietra A, Gomez J, et al. High Speed Rail and the Tourism Market: Evidence from the Madrid Case Study ［J］. Transport Policy, 2015（37）: 187-194.

［213］ Raguraman K. Troubled Passage to India ［J］. Tourism Management, 1998, 19（06）: 533-543.

［214］ Susanne Becken, David G Simmons, Chris Frampton. Energy Use Associated with Different Travel Choices ［J］. Tourism Management, 2002（03）: 345-360.

［215］ Wei, Dong-Qing, Khan, et al. Current updates on Computer Aided Protein Modeling and Designing ［J］. International Journal of Biological Macromolecules: Structure, Function and Interactions, 2016（85）: 48-62.

［216］ Werner Gronau, Andreas Kagermeier. Key Factors for Successful Leisure and Tourism Public Transport Provision ［J］. Journal of Transport Geography, 2007（02）: 200-215.

附　录

乌昌石城市群交旅业有机融合与共同发展情况调研问卷

尊敬的女士/先生：

您好，首先感谢您在百忙之中浏览我们的问卷！我们是石河子大学交旅产业融合调查组。目前基于交旅产业融合背景，开展乌昌石城市群交旅业有机融合与共同发展情况的调查研究，您的参与将对本研究起到非常重要的作用，希望您能提供最真实的经历和感受，帮忙填写问卷。问卷采用不记名的方式，答案没有对错之分，并仅供本项目研究使用，绝不会泄露给任何第三方，感谢您的配合！

乌昌石城市群交旅业融合调研组

注：乌昌石城市群是全国重点建设的 10 个城市群之一，具体包括乌鲁木齐市、石河子市、昌吉市、阜康市、五家渠市及呼图壁县、玛纳斯县和沙湾市 5 市 3 县。加强乌昌石城市群交旅产业融合发展，有助于推动区域经济发展一体化。

第一部分：个人基本情况调查

1. 您的性别是？

A. 男　　　　　　　　　　　B. 女

2. 您的年龄是？

A. 18 岁以下　　　　　　　　B. 18~25 岁

C. 26~35 岁　　　　　　　　D. 36~45 岁

E. 46~60 岁　　　　　　　　F. 60 岁以上

3. 您的职业？

A. 全日制学生　　　　　　　B. 企业单位人员

C. 政府公务员　　　　　　　D. 事业单位人员

E. 自由职业者　　　　　　　F. 其他

4. 您的受教育程度是？

A. 高中及以下　　　　　　　B. 大专

C. 本科　　　　　　　　　　D. 硕士及以上

5. 您每月的收入是？

A. 3000 元以下　　　　　　　B. 3001~5000 元

C. 5001~8000 元　　　　　　D. 8001~10000 元

E. 10000 元以上

6. 您所在的地区是？

A. 华北地区（北京、天津、河北、山西、内蒙古）

B. 华东地区（上海、江苏、浙江、山东、安徽）

C. 东北地区（辽宁、吉林、黑龙江）

D. 华中地区（湖北、湖南、河南、江西）

E. 华南地区（广东、广西、海南、福建）

F. 西南地区（四川、重庆、贵州、云南、西藏）

G. 西北地区（陕西、甘肃、新疆、青海、宁夏）

（选择项 A~F 转问题 8，选择项 G 转问题 7）

7. 您所在的地区是？

A. 乌昌石城市群区域　　　　　B. 疆内（非乌昌石城市群区域）

C. 疆外

8. 您曾经旅游过乌昌石城市群中的哪些城市？（不定项选择）

A. 乌鲁木齐市　　　　　　　　B. 石河子市

C. 昌吉市　　　　　　　　　　D. 阜康市

E. 五家渠市　　　　　　　　　F. 呼图壁县

G. 玛纳斯县　　　　　　　　　H. 沙湾市

I. 均无

（选择项 A~H 转问题 9，选择项 I 转问题 8，混合选择 A~H 和 I 选项回收并作废问卷）

9. 交通因素是否成为您未曾前往乌昌石城市群旅游的主要原因？

A. 是　　　　　　　　　　　　B. 否

10. 您在前往乌昌石城市群旅游之前会考虑交通因素吗？

A. 会　　　　　　　　　　　　B. 不会

第二部分：旅游交通消费情况与偏好调查

11. 您更倾向于以下哪一种交通方式前往乌昌石城市群景区？

A. 出租车　　　　　　　　　　B. 轻轨

C. 网约车　　　　　　　　　　D. 公交车

E. 高铁、火车　　　　　　　　F. 飞机

G. 共享单车　　　　　　　　　H. 步行

I. 其他

12. 您如果去游玩是否会优先考虑景点专线？

A. 是　　　　　　　　　　　　B. 否

13. 哪些交通因素会对你旅游计划造成影响？（多选）

A. 交通是否便利　　　　　　　B. 交通花费金钱

C. 交通花费时间　　　　　　　D. 交通特色景观特色

14. 在选择乌昌石城市群的景点旅游时，您认为除了交通条件，还有哪些重要因素？（多选）

A. 优美的自然景观　　　　　B. 舒适的旅游环境

C. 特色的民俗文化　　　　　D. 合理的旅游价格

E. 多样化的体验服务　　　　F. 完善的游憩设施

G. 独特的风味美食　　　　　H. 适宜的出行距离

I. 较强的互动体验性　　　　J. 旅游知名度

K. 其他

15. 您觉着您在乌昌石城市群全部旅游消费中交通消费占比？

A. 较大（20%以上）　　　　B. 适中（10%~20%）

C. 较小（10%以下）

16. 您认为旅游业和交通业之间的关系是什么？

A. 交通便利带动旅游业发展　　B. 景点火热带动交通业发展

C. 其他

第三部分：乌昌石城市群交旅产业融合游客满意度调查

17. 您满意乌昌石城市群的旅游交通路线、车站设计吗？

A. 非常满意　　　　　　　　B. 满意

C. 一般　　　　　　　　　　D. 不满意

E. 非常不满意

18. 您满意乌昌石城市群的静态交通（如停车场、公交站等）吗？

A. 非常满意　　　　　　　　B. 满意

C. 一般　　　　　　　　　　D. 不满意

E. 非常不满意

19. 您满意乌昌石城市群的旅游交通管理水平吗？

A. 非常满意　　　　　　　　B. 满意

C. 一般　　　　　　　　　　D. 不满意

E. 非常不满意

20. 您满意乌昌石城市群的旅游交通安全水平吗？

A. 非常满意　　　　　　　B. 满意

C. 一般　　　　　　　　　D. 不满意

E. 非常不满意

21. 以下乌昌石城市群中的哪一种旅游交通工具令您乘坐满意度最差？

A. 飞机　　　　　　　　　B. 高铁、火车

C. 出租车、网约车　　　　D. 公交车

E. 其他

22. 目前乌昌石城市群旅游交通发展的现状，您更满意以下哪几项？（多选）

A. 运行速度更快　　　　　B. 乘车费用支付更便捷

C. 乘车环境更舒适　　　　D. 乘车更安全

E. 等待时间　　　　　　　F. 其他

23. 您对乌昌石城市群景区交通的总体程度满意吗？

A. 非常满意　　　　　　　B. 满意

C. 一般　　　　　　　　　D. 不满意

E. 非常不满意

24. 您会因为交通满意从而向朋友或同事推荐乌昌石城市群旅游的可能性有多大？

A. 非常有可能　　　　　　B. 比较有可能

C. 一般　　　　　　　　　D. 比较无可能

E. 完全无可能

第四部分：乌昌石城市群交旅产业融合不足之处调查

25. 您认为乌昌石城市群旅游的发展有哪些地方需要改进？（多选）

A. 增强乡土味　　　　　　B. 增加活动内容

C. 改善交通条件　　　　　D. 增强宣传力度

E. 服务更加规范化　　　　F. 改变周边环境

G. 改善卫生条件　　　　　　H. 其他

26. 您认为乌昌石城市群景区目前的旅游交通条件整体急需改善的问题是什么？（多选）

A. 提高运载力　　　　　　　B. 提高运输速度

C. 加强各交通部门的协作　　D. 提高服务态度

E. 提高交通的覆盖度　　　　F. 各景区线路规划

27. 您认为抵达景区的公路交通情况是否方便？

A. 方便　　　　　　　　　　B. 不便

原因：①高速公路出入口距离远　②通景公路直达性不足

③通景公路道路等级不高　　　　④通景公路耗时长

⑤其他原因_____

28. 您觉得景区内部交通还存在哪些不足？（多选）

A. 交通标志、标牌指向不清　B. 沿线景观单调

C. 交通秩序混乱　　　　　　D. 停车位不足

E. 内部公交使用不便　　　　F. 缺乏旅游特色

G. 自行车道设施欠缺　　　　H. 步行环境欠佳

I. 可选择交通工具较少　　　J. 车辆绕行严重

K. 返程时间太长　　　　　　H. 其他问题_____

29. 您觉得景区与景区之间的交通还存在哪些不足？（多选）

A. 缺乏快速直达道路　　　　B. 可选择交通工具较少

C. 高速出入口距离远　　　　D. 公交使用不便

E. 交通拥堵严重　　　　　　F. 其他问题_____